スマホはレンジにしまっとけ!

―続 裁判と法律あらかると―

東京簡易裁判所判事　恩　田　　剛

推薦のことば

昭和大学医学部教授・薬学博士（元最高検察庁検事）
城　祐一郎

筆者の恩田判事は、もともとは裁判所の書記官で法律家人生をスタートされた方である。その後、副検事試験に合格し、検察庁において副検事として勤務した後、検事になるための検察官特別考試という試験に合格し、検事として東京地検、長野地検、さいたま地検等で勤務した。この検察官特別考試という試験は、司法試験に匹敵する難関の試験であり、合格率も非常に低い狭き門である。したがって、この試験に合格した者に対しては、一定の勤務年数という条件はあるにしても、退官後は弁護士になることができる法曹資格が与えられている。

また、筆者は、現在は、東京簡裁判事として勤務されている。私は、彼が副検事時代から検事時代にかけてのころに知り合っているが、その人柄のユニークさと能力の多岐性に驚いた覚えがある。前記の経歴を見ただけでも相当な勉強家であることはうかがい知れると思われるが、彼の能力は法律の範囲にとどまるものではない。読者の皆さんは、危険物取扱者試験（乙種）というのをご存知だろうか。これはガソリンや火薬などの危険物については、その危険性を理解した上で取り扱う必要があり、そのために必要な化学的知識や規制法律に関する知識が求められることになる。そのため、この試験に合格した者でないと、職業として危険物を取り扱うことが許されないのである。この試験は、ガソリン、火薬、薬品等のジャンルに分かれて試験がなされているところ、その試験のジャンル数は確か6つくらいあったはずである。驚くことに、筆者は、そのすべてのジャンルの試験に合格しているのである。これは、危険物が用いられるような場面における必要な基礎知識を全て有しているということを意味する。この他にも、毒物劇物取扱者、薬学検定1級、簿記能力検定1級など、法律関係に限らず、様々な分野の資格を多数取得しているのであり、仕事以外の時間を使ってよくもまあ勉強したものだと感心したものである。ただ、筆者の特性を伝えるには、それだけでは足りない。彼の場合は、自動車の運転に卓越したものがある。皆さんの中で自動車運転免許を有している方は多いと思われるが、普通自動車の運転免許だけという人が多く、せいぜい、それに原動機付自転車の免許を以前にとっていたとか、バイクが好きで自動二輪車の免許も併せてもっているという程度であると思われる。運転免許証には、自己が取得した、それらの免許された自動車の種類が記載されているであろう。ところが、筆者の場合は、すべての自動車の運転免許を有しているのである。原動機付自転車から牽引、さらには大型二種まで、運転免許証において、すべての自動車に関する免許が表示されているのである。これも極めて優秀な（特異な？）人物であることを示すものであろう。

そのような筆者が、本書を著したのである。そのような人物の書かれたものが面白くないわけがない。これは誰しも予想するところであろう。まさに、そのとおりなのである。本来はとても固い法律に関するような話でありながら、本当にそんなことがあったのかと思うような事例を紹介しているし、単なるネタとして作ったんじゃないかとまで疑われるような面白い話が満載である。しかも、それら全てが読者の法律に関する知識欲を十分に満足させてくれるものになっている。

本書を手に取られた方全てに自信をもって本書をお勧めする。

ユーモアとペーソスが山盛りとなっている究極の一品（一冊）をご賞味あれ！

はじめに

いよいよ、令和新時代の幕あけです。即位礼正殿の儀を控えた、時代を画す佳き折りに、本書を上梓できたことを誠に有り難く思っております。

さて、こうして新時代を迎えたわけですが、裁判所では、今も昔も変わらず日々、いろいろな事件を扱っています。例えば、貸したお金を返して欲しい、交通事故で壊れた車の修理代を請求したい、アパートの未払家賃を払ってもらいたいなどといった民事事件についての裁判をしたり、また、刑事事件では、傷害事件を起こした人や交通違反をした人について罰金の処分を言い渡したり、空き巣狙いの泥棒の裁判をしたり、殺人事件等の捜査に関し警察等の逮捕状の請求に応じて逮捕状を発付するなど、その仕事の内容は実に様々です。

こうした裁判所で扱う事件事故は、読者の皆さんも、しばしばニュースや新聞等で見聞きしておられることと思いますが、いつも立場が第三者であるとは限りません。ある日、突然、暴漢に襲われて被害にあい、または交通事故の加害者になることだってあるかもしれません。はたまた、病院で診察や治療を受ければ医療過誤で被害を受けるかもしれません。事件事故は他人との間のことだけではありません。家族の間でも、夫婦間のさまざまな問題、親子問題、親が亡くなった後の相続の問題など、それがトラブルとして表立ってくるかどうかは別として、人は、多かれ少なかれ、生きている限り、多くの人々と様々な立場で接するのであり、それが他人であれ身内であれ、自分以外の人間と関わっている以上、その関係を調整する法律と無関係でいることは、およそできないと言っても過言ではありません。

また、今年で制度開始から10年の節目を迎えた裁判員裁判はもちろんのこと、検察審査会における検察審査員、家庭裁判所における参与員、家事調停委員、簡易裁判所における民事調停委員や司法委員など、こうした国民の司法参加は、もはや、他人事ではないのです。

そんなところから、裁判や法律について、もっと身近なものに感じていただき、また、社会生活を送る上での法的素養として、事件事故の当事者となったときの心の備えとして、裁判員裁判など国民の司法参加への前向きな気持ちをもっていただくきっかけとして、手にとっていただきたいとの思いで執筆したのが、本書「スマホはレンジにしまっとけ！―続　裁判と法律あらかると―」です。

本書のタイトルは、いわゆる振込め詐欺グループが、普段だましに使っていたスマホを隠していた意外な場所についてのお話の表題をそのまま使いました。このお話は、本書のほんの出だしで、全体としては、本書の姉妹編である「裁判と法律あらかると」と同様に、裁判や法律にまつわる、ある場面では興味深く、またある場面ではちょっぴり切ないお話を散りばめています。ですから、本書のサブタイトルは「続　裁判と法律あらかると」としました。

「スマホはレンジにしまっとけ！」なんて本書全体の内容からは、ややかけ離れたちょっとキャッチーなものにしましたが、少しでも多くの皆さんに、おやっと思い、本書を手にとっていただき、裁判や法律について興味関心をもっていただくきっかけとなる一つの小さな礫《つぶて》となり、その波紋を広げられるようにとの思いを込めてのタイトルですので、その趣旨をご理解いただければ幸いです。

なお、本書の内容をよりよくご理解いただけるように、内容の易しいものからファースト・コンタクト、セカンド・コンタクト、サード・コンタクトというように、読み進むうちに難度があがってくるように構成されていますので、無理のないように楽しんでいただければと考えております。また、本書の内容は、著者がかつて経験したことを基に当時の時代背景のまま創作を加えたもので、登場する人物等の名前も架空であることをおことわりします。

最後になりましたが、乳がんを患い命の危機に直面しながらも毅然と仕事を続け、他方で検事として挫折しそうになった私を支えてくれながら結婚30年を迎えた今なお元気でいてくれる妻に感謝するとともに、本書の推薦に当たり身に余るお言葉をいただいた大恩師である現昭和大学医学部教授・元最高検察庁検事の城祐一郎先生、即位礼正殿の儀を間近に控え、多忙を極める中で快く本書に暖かいメッセージを送ってくださった外務省大臣官房儀典総括官の今西淳さん、そして、これまでご指導いただいた全ての方々に、心より感謝して、擱筆《かくひつ》いたします。

令和元年十月一日

東京簡易裁判所判事　恩　田　剛

目次

セカンド・コンタクト

サード・コンタクト

ファースト・コンタクト

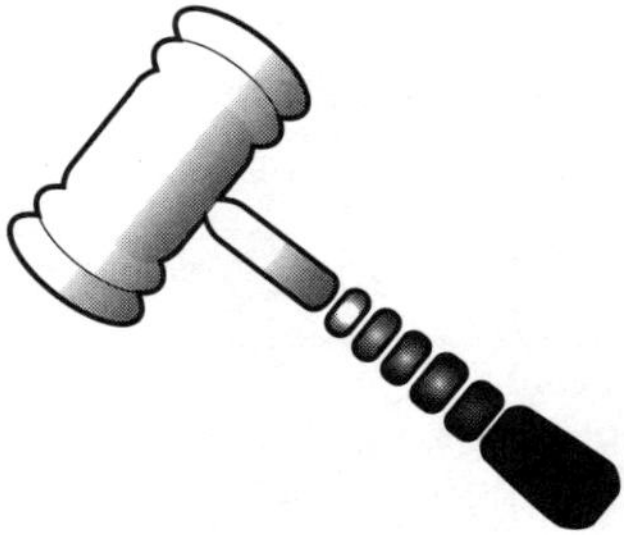

ジャッジ・ガベル

イラストのトンカチみたいなものが裁判官が法廷で使う「ジャッジ・ガベル」という木槌です。アメリカの法廷映画で、裁判官が、「Order、Order（静粛に、静粛に）」などと低い声で言いながら木槌をコンコンと打つ場面が思い浮かびます。裁判の象徴的な道具のように思われがちですが、残念ながら、日本の裁判所では使われていません。

1　スマホはレンジにしまっとけ！

1　一本の電話

「もしもし、ばあちゃん、ボクだよ、ボク…」

「あれ？ミクちゃんかい…？」

「そうだよ、ボク…仕事のお金なくして困ってるんだ、ばあちゃん、お金貸して…」

「いくらだい？」

「100万円だけど…」

「わかったよ。ミクちゃんが困ってるんじゃしょうがないね…」と某市内に住む独り暮らしのヒサ子さん、当年77歳、喜寿を迎えたばかりの元気なおばあちゃんですが、何しろ、人が良くてだまされやすい。

　ヒサ子さん、お金を持って出かけようとしたちょうどその時、ミクちゃんの母親から、たまたま電話…「いまね〜、ミクと二人でばあちゃんの家の近くまで来てるんだけど、これからちょっと遊びに行ってもいいかな？」

「うん、いいけど…、さっきミクちゃんから電話があって、これからミクちゃんにお金を届けに行くところだったんだけど…？」
「なに…？それ…？ミクは、ばあちゃんに電話なんかしてないよ…？えっ…お金…100万円！…ばあちゃん！それ詐欺だよ！」

2　ある振り込め詐欺グループの妙なマニュアル

ヒサ子おばあちゃん、幸いにもミクちゃんの母親、つまり自分の娘からたまたまかかってきたラッキーな電話で、偽物のミクちゃんがヒサ子さんをだまそうとしていたことが分かり、何とか詐欺の被害にあわずに済みました。

この手のやり口は、もう古いのかもしれませんが、いまだに、あの手この手で高齢者をだます詐欺グループは後を絶ちません。

ところで、私が、ある振り込め詐欺グループの捜査をしていたときのことですが、彼らのアジトから妙なことが書いてあるマニュアルが発見されました。

そのマニュアルには、どうやって被害者から金をだましとるのか、その方法が事細かに書いてあったのですが、その他に「スマホや携帯電話は、使用しないときは電子レンジにしまっておくこと」という記載がありました。

これは何だろうと思い、被疑者の取調べのときに聞いてみると、みんな口を揃えて、リーダー格に当たる連中から「**スマホはレンジにしまっとけ！**」と指示されていたと言うのです。

う～ん？なんだそりゃ…？

3　携帯電話の位置探査

それは、結局、警察によるスマホや携帯電話（以降、まとめて携帯電話といいます。）の位置探査をおそれていたからでした。

携帯電話は、電源を入れると、０・０５～０・数ワット程度の微弱電波を発信している状態になります。その電波を通信事業者の最寄りの基地局アンテナが受信することにより、その携帯電話が待機状態となり、いつでも受発信ができるわけです。その微弱電波を利用して、その携帯電話の位置を調べるのが、携帯電話の位置探査です。その携帯電話の位置を調べることにより、それを使っている犯人らの居場所も判明してくるというわけです。

ちなみに携帯電話で使われている電波も、電子レンジで使われるマイクロ波も、蛍光灯から発せられる可視光線も、レントゲンから照射されるX線も、全て電磁波であり波長や周波数の違いから性質が異なってきます。電子レンジは、中で発生するマイクロ波である電磁波を外に出さないようにできていますから、これに目を付けた振り込め詐欺のグループが携帯電話を電子レンジの中に入れて位置探査がされないようにマニュアル化していたのです。

よくそんなことに気付いたなと感心しましたが、携帯電話の電波と電子レンジのマイクロ波では出力や周波数が違いますし、あまり意味はありません。仮に携帯電話の電波を遮《さえぎ》ることのできるような電子レンジであったとしても、結局、携帯電話の電源を切っているのと変わらないわけですから、わざわざレンジに入れなくても、単に携帯電話の電源を切っておけばよいだけのことなので、どちらにしても間の抜けた話ですね。

なお、この携帯電話の位置探査、個人のプライバシーにもかかわりますので、警察の勝手な判断ではできず、必ず裁判官が審査し発付した検証令状（家宅捜索令状の仲間です。）に基づいて行わなければならないことになっています。

4　携帯電話も、もはや小型の超高性能の電子計算機

近年のパソコンなどを始めとする電子機器の発達は目覚ましく、月面に着陸したあのアポロ宇宙船の誘導コンピューターの性能が、ちょっと前に子供達が遊んでいたおもちゃのゲーム機２台分程度というから驚きです。そうすると、今や、巷《ちまた》に氾濫するさまざまな機能を持つ携帯電話は、もはや小型の超高性能の電子計算機といえるでしょう。

ところで、パソコンなどの電子計算機で扱うデータは、元々は電流や電圧の物理量の変化によるものをベースにしています。電流や電圧は自然のものですから、その物理的な量は、ある決まった数値で表せないことがあります。

数直線上の一点を指さしたとき、必ずしも整数であるとは限りません。例えば、数直線上の円周率に相当するところを指せば、３・１４１５９２６５…という感じでどこまでも小

数点以下が続く無限小数となり確定的な数字になりません。こうした電気信号レベルの自然な連続的数値をそのままデータ化する方式をアナログ方式といいますが、このアナログ方式、自然の数値を反映させるため、計算速度が速いなどのメリットがある反面、数値が確定的でなく、特にデータの再現時にノイズが入りやすいといわれています。例えば、数値が1・45とあるものが、そのときの状況により1になったり、2になったりするのでは、データの再現が正確でないということになります。

これに対し、デジタル方式は、離散的な確定的な数値で処理する方式です。電気信号では、電流や電圧の物理量を扱うため数値が不安定になりやすいので、これを離散的な確定的な数値に直しデータ化するのです。離散的な確定的な数値というのは、ちょっと分かりにくいですが、数直線上の数字が連続的であるのと対照に、例えば、数直線上の整数だけをとらえたら、整数は隣と隣の数が離れているので、離散的で確定的ということになりますよね。

デジタルをこのように考えると、実は、アナログ式の代名詞のように思われているソロバンは、デジタル方式の手動計算機ということになります。

「アナログ≒旧態依然」というイメージでとらえるのではなく、アナログが連続的数値を扱う方式で、デジタルが離散的数値を扱う方式であるという理解から導くと、ソロバンはデジタルということになるのでしょうか。

まぁ、何にしても、スマホをレンジにしまっておくような連中のやってることは、アナログっていうより、ただのアサヂエって感じですね。

犯罪というものは、一時の感情に振り回された短絡的なものから、巧妙に仕組まれた組織的なものまで様々ですが、結局は、いつの時代も、他人を犠牲にした利己的で愚かなものに過ぎません。

被害者の涙に胸を痛め、犯罪者の更生を願う真っ直ぐな気持、そこから湧き出る本物の知恵と勇気にかなう悪事など、どこにもないのです。

2　オウン・ゴール

1　愛犬マロンの交通死亡事故

ある電気屋さんの店主太郎さんが飼っていた愛犬マロンちゃん、メスのチワワで当時5歳、ご主人とお散歩中に、わき見運転の車にはねられて亡くなりました。

この事故で損害賠償をめぐり争いとなり、太郎さんは、運転手さんを相手どり民事裁判を起こしたのです。

結果は、太郎さんの言い分がほぼ認められる形で和解が成立することとなりました。

その後、太郎さんは、2代目マロンちゃんを購入しましたが、なんと、どうしてこんな不幸が続くのでしょうか。その1か月後に、またしても交通事故で2代目マロンちゃんは死んでしまいました。

この事故でも損害賠償でもめて裁判となり、また、太郎さんの言い分が認められる形での和解が成立することとなりました。

そして、3代目マロンちゃん…、この子も3か月後に同じように交通事故で亡くなりました。このとき、太郎さんは、加害者と事前に交渉することもなく、いきなり裁判を起こしてきたのです。そして、また和解成立です。

さらに、犠牲は続きました…。4代目、5代目…そして6代目…いずれの事件も太郎さんは、必ず民事裁判に持ち込みました。4代目当りから、さすがにこれはおかしいだろう、これは太郎さんが損害賠償金目当てでわざと事故を起こさせているのでは…とも疑われたのですが、確たる証拠はありませんでした。

事態が急変したのは、6代目のマロン裁判でした。

なんと、事故の目撃者が現れたのです。

そして、いよいよその目撃者が被告側、つまり車を運転していた加害者側の証人として申請され、証人尋問が始まりました。

被告代理人「今回の事故が起きた朝、あなたはどこで何をしていましたか」

証　　人「私は、自宅二階のベランダで洗濯物を干していました」

被告代理人「そのとき、何か気付いたことはありましたか」

証　　人「太郎さんが犬を散歩させているのが分かりました」

被告代理人「その後、何か起きましたか？」

証　人「太郎さんは、最初、犬を歩かせていたのですが、私の自宅前辺りまで来たところで、犬を抱き上げました」

被告代理人「なんで、太郎さんは、犬を抱き上げたと思いましたか」

証　人「私は、犬が散歩で疲れたから、太郎さんが抱き上げたと思ったのですが、その後、太郎さんの後方から車がきたとき、太郎さんが抱き上げていた犬を車の走ってくる方向に、ポンと放り投げたのです」

被告代理人「それで、どうなりましたか」

証　人「車の運転手は、犬に気付いて急ブレーキをかけましたが、間に合わず、犬にぶつかりました」

被告代理人「その犬はどうなりましたか」

証　人「犬は車のタイヤにつぶされて全身血だらけになって動かなくなっていたので、多分、もうダメだろうなと思いました」

原　告「ウソだ！犬が私の腕から飛び出したんだ！あんた、いい加減なこと言うなよ！」

裁判官「原告はあとで反論の機会がありますから、今は静かにしていてください」

原　　告「裁判長！この証人嘘つきです！証言をやめさせてください」
裁 判 官「これ以上、許可なく発言すると退廷してもらいますよ」
原　　告「……」

この証人尋問の2か月後、判決言渡となり、請求棄却…つまり原告の太郎さんの請求は認められず、太郎さんの全面敗訴となりました。太郎さんは、簡易裁判所の判決を不服とし、地方裁判所に控訴し、高等裁判所に上告もしましたが、結局、いずれも太郎さんの請求は認められず、判決は確定しました。

2　太郎さん、クレーム活動始動！

民事裁判の場合、最初の裁判が簡易裁判所であると、その判決に不服があるときは、まず、地方裁判所に控訴します。地方裁判所の判決に不服があると高等裁判所に上告することになります。最初の裁判が地方裁判所の場合は、控訴が高等裁判所、上告が最高裁判所です。いずれにしても上告裁判所で判決が出て、その判決が確定してしまうと、それ以上、裁判では争うことができなります。

太郎さんの6代目のマロンちゃん事件も高等裁判所まで争われ、太郎さん敗訴で判決は確定してしまったのでしたが、太郎さんは、どうしてもあきらめきれず、また、元々、裁判を起こした簡易裁判所の民事受付窓口にいき、納得できないとして受付でクレームを言い始めました。

そのクレームは毎日のように続きましたが、ある日、太郎さんは、受付カウンター前で二人の警察官に両脇を抱えられているではありませんか。

これを遠目に見ていた事情を知らない他の職員が、「あれ、クレームを言いに来ているだけなのに、警察呼ぶのは、ちょっとまずくないですかね」とポロッと言うと、また別の職員が「いやいや、あれ、何か、自分で呼んだらしいよ…」「えっ…?」

事《こと》の次第は次のとおり…。どうも、太郎さん、対応していた職員が、判決は確定したのでもうどうにもできないと同じ説明を繰り返していたことに対し腹を立て、「お前じゃ、話にならん!警察を呼べ!」と怒鳴りだしました。

そして、こともあろうか、興奮のあまり、受付カウンターを乗り越えて、受付係の電話の受話器をグワっと掴むと勝手に110番通報したのです。周囲の職員は、あまりに突然のことに驚き、太郎さんを止めることもできず、ただ茫然《ぼうぜん》と立ち尽くし、その様子を傍観するしかありませんでした。

3　太郎さん、連行される

しばらくすると、太郎さんは、自ら110番で呼び出した警察官から「まぁまぁ、ここで話してるのもなんだから、警察で話を聴きましょう」と言われるや、両脇を抱えられました。

これに対し、太郎さんは「イヤだ、イヤだ、オレはここで話したいんだ！」と騒ぎましたが、その抵抗も虚《むな》しく、哀《あわ》れ、警察に連行されて行ったのでありました。その後、警察でいろいろと調べが始まり、太郎さんは、損害賠償目当てで、犬を仕入れては、車に轢《ひ》かせて訴訟を起こし和解金としてお金を手に入れていたという悪事が全て明らかになったのです。

それだけでなく、太郎さんは、自分自身も当り屋と化し、保険金をだましとっていたことも判明、太郎さんは保険金詐欺で逮捕されたのでした。

後で分かったことですが、太郎さん、自分の経営していた電気屋さんの商売がうまくいかず、相当お金に困っていたようでした。

その後、太郎さんは、刑事裁判では保険金詐欺の有罪判決を受け、これまで自分の起こした民事裁判で得たお金は全て返還することとなり、さらには不当な裁判を起こしたことで逆に損害賠償金を払うことになったわけです。

結局、太郎さんは、自ら呼んだ警察につかまり、それがきっかけとなり、これまでの悪事が全て露呈し、まさにお粗末な**オウン・ゴール**を迎えたのでした。

3　小さな万引き犯

1　万引きされたサンドイッチ

「ちょっと待って…あなた達。これ…お金払ってないわよね」

サンドイッチ3個を、買い物カゴに入れ、カートを押してレジを通らずに足早に店外に出た小学校高学年くらいの女の子一人とその弟らしき男の子一人…。この二人の子供達に声を掛けたのは、私服の女性警備員。マスコミなどでは、万引きGメンなどとも呼ばれていますが、実際に万引き検挙の現場を特集したようなテレビ番組が放送されたこともあるので、今や知らない人はいないでしょう。

ちなみに、Gメンの「G」はGovernment＝政府の頭文字のG、つまり、Gメンは政府の役人という意味であり、元々はアメリカの連邦捜査局（FBI）の捜査官を指し示したもので、日本では、麻薬取締官を麻薬Gメンと呼んだりしています。ただ、いずれにしてもGメンである以上、政府の役人、つまり公務員であるはずですが、なぜか、日本では、Gメンという呼び方についていて、役人というよりは、犯罪を検挙する人というイメージのほうが強くなり、万引き犯を検挙する民間会社の警備員まで「万引きGメン」と呼ばれるようになったようです。

さて、この女性万引きGメンに声を掛けられた二人の姉弟…二人ともうつむいて無言のまま何も答えません。仕方なく保安室に連れて行き、事情を聴くことに…。

「お姉ちゃんかな?この男の子は、あなたの弟さん?お名前は?」

「ごめんなさい。お母さんに怒られるから、許してください。あとでお金払います…」

「とにかく、名前教えてくれるかな」

「はい…、トモカです。花田第二小学校の6年生です。弟は、ケント。3年生です」

こうして、この二人の子供達から話を聴こうとしていると、突然、何の前触れもなく、この子供達の母親が慌てた様子で保安室に入ってきました。

「すっ…すみません。うちの子供達が何かご迷惑をおかけしましたでしょうか」

「あれ?この子達のお母様ですか?」

「はい、そうです。この子達の母親です。この子達、何かしましたでしょうか?」

「ここにあるサンドイッチをカートに入れて、レジを通らずにそのままお店の外に出ていったんです。それで事情を聴こうと思いまして…」

「それは申し訳ありませんでした。サンドイッチはお返ししますし、子供達は私が引き取りますので、今日のところはこれで許していただけますでしょうか」

「あー、それは困ります。惣菜パンのような商品は返品をお断りしているので、買い取っていただくことになります」

「すみません。今は持ち合わせがないので、後日、代金をお支払いします」

母親のこの言葉を聞き、その女性警備員は、ふっと、あれ？おかしいな。このサンドイッチ3個、合計でも600円ちょっとなのに、そんなお金の持ち合わせもないの？この店には買物に来てたんじゃないの？それに、この母親、なんで呼び出しもしてないのに、突然、保安室に来たんだろう…？う〜ん？なんで…？考えれば考えるほど疑問が湧《わ》くばかり…。

そこで、女性警備員は、思い切って、その母親に、

「こちらはお母様を呼び出しもしてないし、この子達からまだ事情も聴いてないのに、なんで、お母様、保安室に来たんですか？」と聞きましたが、母親は、答えに窮《きゅう》するかのように下を向き、身体を強張らせたまま動かなくなってしまいました。

2　真犯人、そして裁判へ…

実は、この万引き事件、真犯人は、この子達の母親でした。

そもそも、当時38歳のこの母親、若いころから常習的に万引きを繰り返し、これまでに2度にわたり罰金を払った前科を持っていました。2度目の検挙の際、夫と離婚し、その後、介護施設でパートの仕事はしていたものの、結局、昔の癖は治らず、ときどきスーパーなどに行っては、思い出したように万引きを繰り返していました。そして、こともあろうか、ついには、万引きに自分の子供達まで使うようになっていたのです。

よく調べてみると、その手口に絶句です。

まず、スーパーなどの店内に、子供達と一緒に入ります。そして、子供達にカートを押して商品を万引きしてくるように指示し、自分は店の片隅に立ち、遠くから見張る、仮に事が発覚したときは、事情を知らない母親の振りをして子供達を引き取りに行くという実に狡猾《こうかつ》なものでした。

児童相談所の小部屋で、トモカちゃんが大粒の涙を流しながら事の次第を話してくれました。しかし、やはり大切な母親、こんな酷《ひど》い仕打ちを受けても、「ママはいつおうちに帰れますか、ママを許してあげてください…」と言葉を詰まらせながら、何度も何度も懇願してきました。

別室で話を聴かれていたケントくんは、お姉ちゃんの態度とは全く正反対…、事件の話になると「ボク、知らない…」の一点張り。かといって無愛想なわけではなく、話をはぐらかそうとしてか、だんまりを決め込んでニコニコするばかり…、きっと母親と姉を守るために、小さな胸を痛めて必死に作り笑いをしていたに違いありません。「お母さんとお姉ちゃんからお話を聞いたから、もう何も話さなくていいよ…。いやなことばかり聴いてごめんね」というと、ケントくんは、腰かけていた足をブラブラさせながら、笑顔のまま目に涙をため最後まで無言でした。

その後、母親は、子供を使った万引きの事件として起訴され、いよいよ第1回公判を迎え、被告人質問の場面です。

弁護人「あなた、子供達がどんなにつらい思いをしたか分かりますか」

被告人「万引きをさせていたときはあまり考えてもいませんでしたが、今はよく分かっているつもりです」

弁護人「あなたは、自分の子供達を使って万引きさせていたことをどう思ってますか」

被告人「本来、正しいことを教えなければならないのに、母親として失格だと思ってます。申し訳ありませんでした」
弁護人「今後、子供達のためにも立ち直るつもりはありますか」
被告人「はい、しっかり更生することを誓います」
検察官「あなた、いま、弁護人の質問で、子供達のためにも更生すると誓いましたよね」
被告人「はい」
検察官「あなた、普段、子供達をどうやって教育してるんですか」
被告人「どうやってと言われましても、普通にやってきたつもりですが…」
検察官「あなた、子供達を学校に行かせてませんよね」
被告人「はい…」
検察官「それこそ、母親失格ですよ」
被告人「そうですか…?」
検察官「そうですかって、ねー!あなた!話になりません。質問を終わります」
裁判官「今の、検察官の質問ですが、あなたは、子供達を学校に行かせていなかったというのは、本当ですか？」
被告人「はい、本当です」
裁判官「それは、子供達に万引きをさせるためですか？」
被告人「いいえ、違います」
裁判官「それでは、なぜですか」
被告人「子供達が行きたいと言わないからです…」
裁判官「えっ…？今、何と言いましたか？」
被告人「子供達が学校に行きたいと言わないからです…」
裁判官「う〜ん…。はい、分かりました。被告人質問を終わります」
被告人には、万引きによる略式裁判での罰金前科が２犯ありましたが、正式裁判は初めてでした。
略式裁判というのは、正式に法廷でやる裁判と異なり、検察官が裁判官に罰金の処分を書面で請求し、法廷を開くことなく罰金の金額が決められて、その金額を被告人が納めるとそれで罰金刑の執行が終了するというものです。一般的には、万引きで検挙された最初のころは、検察官によるお説教を受けるなどして処分なしで許してもらう起訴猶予処分などがあり、それでも繰り返すようなら略式裁判で罰金の処分となり、最後には、懲役刑として刑務所に行かなければならないかどうかを決める正式裁判を受けることになることが多いようです。

通常、万引きで正式裁判が初めてという場合、有罪判決を受けても、いきなり刑務所に行くということもないわけではありませんが、執行猶予付きの判決になることも少なくありません。執行猶予付き判決、つまり、一定期間、社会の中で更生できるか、被告人の様子を見て、その間にまた万引きをすれば、執行猶予を取り消して刑務所に行ってもらうが、何もなく無事に執行猶予期間を経過すれば、刑務所に行かなくて済むという判決です。

今回の事件も、被告人は、正式裁判を受けるのが初めてであり、母親として、子供達を養育していく役割もあることなどを考えると、執行猶予を付けて、更生させる方が良いとも思われました。

しかし、この被告人は、自分の子供達が「学校に行きたいと言わないから」学校に行かせていなかったというのです。これは、母親として子供を養育する役割を放棄していたというほかありません。

母親と子供達を引き離すのは、忍びなく辛い判断でしたが、もはや、この母親に育てられては、子供達は、学校にも行かされず、むしろ、また思慮のない母親の元で罪の意識もなく悪事を重ねていくことにもなりかねません。そこで、ここは心を鬼にして、最初の正式裁判で、いきなり実刑を科すのもやむなしとの結論に至りました。

検察官の論告求刑は、予想どおり、子供達を万引きの道具に使った希《まれ》に見る悪質な犯行であり、子供達を学校にも行かせておらず、もはや母親としての役割も果たしていないとして強い非難と憤りを示しつつ、懲役2年の実刑を求めるものでした。

結局、最終的な判断は、懲役1年2月の実刑。

被告人は、量刑が重いことを不服として控訴しました。

控訴審では、もう少し量刑が軽くなるか、もしくは執行猶予が付くかとも思われましたが、被告人の控訴は棄却され、懲役1年2月の実刑判決はそのまま維持され、被告人は、さらに上告することなく、刑に服しました。

3　伝えたいこと

最後に、償いの最中にあるであろうあなたに一言いっておきます。

まさか、サンドイッチ3個を万引きした初めての正式裁判で、いきなり刑務所に行くことになるとは思っていなかったのかも知れません…。

お母さんと離れた子供達はとても寂しい思いをしていると思います。

あなた自身も、かわいい子供達と離れ、辛いお務めをしていることでしょう。

でも、どうか、この服役をきっかけに、これまでの自分の過ちに心から目覚め、そして母親としてなすべきことに気付いて欲しい。

これからのあなたの人生と子供達の未来のために…。

4　住居不定・ムショク

1　強盗事件発生！

強盗事件発生との110番通報あり、被害者は、顔面を殴打され、スマートホンを強取された模様、容疑者は、年齢40歳くらい、身長180センチくらい、赤い野球帽をかぶっている浮浪者風の男、紙袋を所持、至急現場に臨場せよ。

この強盗事件、警察官らが現場に臨場すると、付近を徘徊していた犯人はすぐに発見され、任意同行の後、緊急逮捕、スピード解決となりました。

被害者は彼女と一緒に通りを散策しながら、ビデオモードで彼女や周囲の風景を撮影していただけだったのですが、たまたま通りかかった犯人が自分のことを撮影していると思い込んだのです。そして、その犯人は、こともあろうか、被害者に「なんで俺の写真を勝手に撮るんだ！」と怒鳴りつけると、いきなりその顔面を拳で1発殴り、スマホを取り上げて、自分の画像を消すために、どこかに捨ててやろうと思ったということだったのです。

取り調べの中で、犯人は、スマホの中に自分を撮影した画像がないことなどを教えてもらい、自分が誤解して被害者を殴ったり、スマホを取り上げたりしたことを知りました。それでも、犯人は、そんな誤解をさせるような被害者が悪いんだと言って、被害者に対して謝罪の言葉を述べるでもなし、反省している様子はほとんどありませんでした。

窃盗や強盗のように他人の物を奪う財産犯が成立するためには、単に他人の物を奪ったということだけでなく、基本的な考え方として「不法領得《ふほうりょうとく》の意思《いし》」と言って、その盗んだり強奪したりした物を自分の物として使うなどの意思が必要なのです。ところが、今回の事件の場合、犯人は、自分が撮影されていると誤解して、被害者からスマホを取り上げたものの、それを捨てようと思っていただけなので、強盗罪の成立はやや難しい感じでした。

そこで、残るのは被害者を1発殴ったという暴行だけでした。犯人に他に前科はなく、これだけだと、略式裁判といって、書面審査だけで罰金額が決められる裁判になっても良かったのですが…。

2　犯人は住居不定の浮浪者

犯人は、住居不定の浮浪者で、お金も持っていませんでした。そうすると罰金を払う処分を受けても、罰金を払うこともできません。

通常、罰金の処分で、被疑者が事実を認めて罰金を払うことを承知しているようなときは、正式な裁判をせずに、書面審査だけで罰金の金額を決める略式裁判になることが多いです。よく新聞などでも、例えば、政治資金規正法違反事件で、どこかの大物政治家について、略式起訴され、罰金の略式命令が出されたなどと報道されることがありますが、それです。

初犯の軽微な暴行事件などでは、略式起訴されて罰金の処分を受けるということが考えられるところではありました。しかし、今回の事件では、仮に略式起訴で罰金が決まっても、被疑者は直ちに罰金を払えず、その後も払えるかどうかわからず、しかも、住居不定なので将来どこにいるかもわからず、罰金刑の執行も困難となるようなおそれがあります。そのような場合、もう一つの刑事処罰の手続の選択肢として、正式裁判で罰金の処分を裁判所に求める方法があるのです。

この方法によると、正式裁判が開かれるまで犯人である被告人が勾留されていた期間について、勾留1日につき金額いくらと決めます。そして、裁判が始まるまでの間の勾留されていた日数分を、判決で言渡された罰金の金額に充当することができるのです。このようにすることで、罰金を払うお金を持っていない被告人に相応の刑事処分を受けてもらうということもあるわけです。

なお、略式裁判を受けた上で、罰金を払えない場合は、労役場留置という処分を受けることによって罰金の支払いに替えることになることもあります。

3　犯人の裁判始まる

さて、こうして、被告人について正式裁判が始まりました。

裁判官「名前は何と言いますか」

被告人「郷東舌造《ごうとうしたぞう》です」

裁判官「住んでいるところや仕事は？」

被告人「住居不定、ムショクです」
…こうして被告人の人定質問を終え、証拠調べなどを経て、被告人質問へ…
検察官「あなたは、現在、住居不定、無職のようですが、今後も、その生活を変えようというつもりはないですか」
被告人「はい、ありません」
検察官「終わります」
裁判官「なぜ、今のような生活を変えるつもりはないんですか」
被告人「私は、若いときからミュージシャンを目指してきました。ミュージシャン以外の仕事をやるくらいなら、今のままでいいんです」
裁判官「しかし、夢ばかりでは食べていけませんよ」
被告人「私は、夢を食べてます」
裁判官「えっ…?」
被告人「私、最初に言いましたよね。ムショクって…」
裁判官「あなた、何言っているのか分からないんだけど…?」
被告人「ですから、『夢を食べる』と書いて『夢食』ムショクです」

これを聞いて、被告人の立場で、ふざけてる、けしからんと思う人もいるかもしれません。

しかし、私は、妙に半ば感心してしまいました。

なるほどね〜、うまいこと言うなぁーと…。

しかし、夢を食っても腹の足しにならんし、それでは、やっぱりいかんだろ……、さりとて、いろんな考え方、生き方があって世の中が成り立っているのだし…と思いを巡らせながら、その場では何とも言えず、「ムショク」をスルーして別の質問へ…結局、その後、ムショクについては何も触れることなく、その裁判を終えました。

4　ムショクいろいろ

その日の夜、自宅でベッドに入ると、ふっと、「ムショク」が頭をよぎり…。

よく考えたら、私にも叶えたい夢があったなぁ〜漫画家になりたいという夢…。今は全く違う仕事をしてるけど、でも、なんか、いい年をして、まだ叶えてみたいという思いが残ってる…。

結局、私も被告人と同じ夢見るオジサンでした。

ただ、私の場合、「夢を食べる」というより、まだ夢のキャンバスが白紙のままで、「無色」ってことにしておきます。

一生、ムショクのままでも、いつでも描ける白紙のキャンバスを抱えながら生きていきたいですから…。

5 あれ？これって医療カゴ？ 民事調停のお話

1 足が痛い！

ある日の朝、出勤前に、筋トレよろしく、アンクルウエイトという足首に巻くウエイトを巻き付けて、ジョギングをしていると、誤って右足を着地させる際に、グキッ！とひねってしまい、まともに歩けない状態に…。

やばい…、これから出勤だってのに…。

辛うじて、足をひきずりながら何とか歩いて通勤電車に乗り込み、満員の波に飲みこまれてさらに悪化…。必死の思いで当時の勤務先であった大蔵省（現財務省）に出勤、そして、ただちに庁内診療所へ直行！

小学生のように、半ベソかきながら、「先生～、今朝、ジョギングしてて、右足ひねっちゃって、痛くて歩くの大変なんですよ」と訴えると…先生は「分かりました。念のためレントゲンを撮ってみましょう」と言い、私をレントゲン室に誘いました。

レントゲン撮影を終え、しばらくして、先生に呼ばれて診察室に入ると、先生は、おもむろに立ち上がり、私の右足首が写ったレントゲン写真をシャウカステンに「カシャ！」っと載せたのです。ちなみに、シャウカステンというのは、シャウ＝観察、カステン＝箱、という意味のドイツ語で、レントゲン写真などを見るための蛍光灯で白く光るディスプレイ状の台のことです。最近はPCのデータ画像が多くなってきたので、実際の医療現場では見られることは少なくなってきており、今では、昔の医療ドラマに出てきた象徴的な医師の小道具という感じです。

先生は、私の右足首のレントゲン写真を睨《にら》みながら、難しそうな顔をして「う〜ん…」と唸《うな》るではありませんか。

えぇ〜、まさか、なんか凄《すご》い怪我しちゃったのかな…マジでやばいかも……と思いながら、恐る恐る小声で先生に…「センセイ…、センセイ…」と声を掛けるも振り向かれもせず…。

どうしたんだろう…ホントにまずいのかな…えい、ヤッ！目をつぶって「センセイ！」と声を上げると、先生はレントゲン写真を見たまま、私にこう言いました。

「う〜ん、私は、内科医なんで、これ見てもよく分からないんだよね」って…だったら、最初から撮るなよ！

大蔵省などの大きなお役所には、庁内に診療所が設置されているところもあったのですが、必ずしも医師は常勤ではなく、診療科目も曜日によって異なることもあるようで、だから、こんなことが起きちゃったのですね。

確かに、骨が完全に断裂している場合だけでなく、ヒビが入ったような亀裂骨折や骨の内部が骨折していながら外形的に骨膜に損傷が見られない骨膜下骨折のようなものもあるので、レントゲン写真だけでは診断が困難な場合もあります。

ただね～「私、内科医なんで分かりませ～ん」っていうことなら、最初からレントゲン撮らないでくださいよ～って言いたくもなりますよね。

まー、しかし、本当は骨折しているのに、知ったかぶりされて、折れてないから大丈夫って言われ、結局、不正癒合《ゆごう》で後遺症が残ったなんていう医療過誤になるよりは、正直に言ってもらってよっぽど良かったですが…。

なお、この怪我、後日、整形外科で診てもらったところ、幸い軽い捻挫と判明し、ほどなく治りました。

2　ある美容整形外科の医療過誤？

さて、私の足の怪我は、結局、捻挫で済みましたが、裁判所には、実にさまざまな医療関係の事件が飛び込んできます。

ある40代女性、サチ子さんが、左頬にできた直径1センチメートルほどの円状の赤いアザについて、病院でレーザー治療を受けたところ、火傷となりケロイド状態で腫れたので、病院に慰謝料を求めたいと相談にやってきました。

どうもサチ子さんのお話によると、病院もサチ子さんのクレームを認めて、再度治療をして一応完治したということだったのですが、治療痕《ちりょうこん》が残ったというのです。サチ子さんは、病院に対し、さらに治療を求めましたが、病院は、治療痕は残っておらず完治しているので治療の必要はないとしてサチ子さんの要求を拒否しました。そこで、サチ子さんは、やむにやまれず裁判所に相談にきて、結局、病院に対し、治療費、慰謝料、その他の損害賠償を求めて民事調停の申立て手続きをしました。

ただ、サチ子さんのこの調停申立事件には、いささか問題がありました。その問題というのは、治療痕がほぼ治っていて、病院側にそれ以上治療費を負担させる必要があるのか、慰謝料は発生するのかということとは全く別の問題でした。

申立によると、サチ子さんは、自動車運転中に左頬の治療痕が気になってしまい、それが原因で注意散漫となったことから、ハンドル操作を誤るなどして車を電柱にぶつける自損事故を起こしてしまったので、病院側に車両の修理代等も併せて請求するということだったのです。

3 いよいよ調停が始まりました…

第1回目の調停期日には、サチ子さん本人と病院側代理人弁護士が出頭。

民事調停は、裁判官が一人で行う場合と、知識経験豊かな一般市民の方々から選ばれた調停委員二人と裁判官で調停委員会を構成する場合と二通りのやり方があります。このときの調停は、調停委員会としてすることになりました。

こうして調停期日が開かれ、それぞれの言い分を聞いたり、証拠となる資料を見せてもらいながら話を進めていったわけです。しかし、実際に出頭したサチ子さん本人が自ら指示する左頬について、調停委員の先生方とともに観察しても、それらしき治療痕は、有るような無いような何ともいえない感じでした。他方で、病院側代理人は、カルテを提出するなどしたほか、サチ子さんの左頬の外観を見ても明確に治療痕が認められないことなどを理由に請求は全く認められないなどと主張していたのです。それでもなお、サチ子さんは相当にこだわり思い悩んでおりあきらめる様子はありませんでした。

そんなことから、調停の成立はもう難しいかなとも思われたのです。そこで、調停委員会の三人で話し合ったところ、(1)サチ子さんの主張は訴訟においても認められる可能性が低いものの、そのこだわりが相当に強いので、この調停で少しでもそのこだわりを和らげた上で、請求が認められ難いことを丁寧に説明して理解を得る必要があること、(2)病院にも一度は明らかな医療過誤があり、これを認めて再度治療した経緯があることなどから一定のお見舞金程度の支払いを検討してもらえないか確認する余地があるのではないかということ、(3)仮にお見舞金名目での支払いが可能な場合は、サチ子さんにそれ以上の請求を放棄してもらうこと、などの案で調停を進めていこうということになりました。

そして、サチ子さんに対しては、それ以上の治療の必要性が認められ難いこと、治療痕を気にしたことで注意散漫となり事故を起こしたことについてもその心情に理解を示しながらも、法律上の因果関係に欠けることなどを丁寧に説明し、一定の理解を得ることができました。他方で、病院側に対しても、この調停で解決することにより、裁判になった場合の負担を回避できることなどについての理解を得て、双方にお見舞金の趣旨でサチ子さんに解決金を支払うことで調停成立となり、めでたし、めでたしということになったわけです。

このように、正式な裁判では請求の認められ難いと思われる医療過誤事件などが申し立てられてくることは少なくはありませんが、そういった場合でも、調停であれば、ご紹介したような解決が可能になることもあります。

調停という手続は、訴訟のように、緻密《ちみつ》に法律的な主張をしたり、厳格な証拠の取調べをしなくても、中立人や相手方の事情や気持ちを十分に聴取した上で、柔軟な対応ができ、その結果、当事者双方になるべく遺恨《いこん》の残らない合意に到達することもあり、そういったところに一つの大きなメリットがあるのではないかと思います。

6　ヤブレター

1　ペーパーベースの愛の告白

今どきは、好きな相手に自分の気持ちを告白することを「コクる」と言い、コクるときは、スマホでSNS…でしょうか。

でも、何かのアンケートで見ましたけど、今でも、手紙で告白されたらうれしいっていう若い男女がけっこういるみたいです。告白の手紙、つまり、ペーパーベースのラブレターですね。

ラブレターと言えば、思い出したことが…。あれは、たしか、私が中学1年生の秋ころのことでしたが、同じクラスの女の子のことがすごく好きになって、ドキドキしながら一生懸命ラブレターを書いて彼女のおうち宛てに出したときのお話です。

翌々日くらいの朝、私がいつものように登校して、教室に入ると、教壇の周りに同級生の人だかりができていました。そして、その人だかりのど真ん中、ちょうど教壇の前辺りに、私がラブレターを出した女の子が、大きく右腕を上げて立っていました。

「おや、何かな…?」と思い、近づいてみると…、なっ…ナント!その女の子、私が書いたラブレター、それをビリビリにやぶって右手にかかげて、大笑いしながら同級生達に見せびらかしているではありませんか!?

ラブレターならぬ、**ヤブレター**…って、ダジャレを言っている場合か!

私は、あまりにもすごい光景に、びっくりするというか何というか、目がテンになり…、半ば顔を引きつらせながら、回れー右!よろしく、黙って自分の席に戻っていったのであります…。

刑法の犯罪としては、正当な理由がないのに封のしてある他人の手紙を勝手に開けたら罪になる信書開封罪《しんしょかいふうざい》というのがありますが、それは手紙をもらった人には当てはまりません…。また信書隠匿罪《しんしょいんとくざい》といって、他人の信書をどこかに隠したら罪になります…。まーしかし、本件では、隠すどころか、見せびらかしてますから…。「こんな手紙を書いてバカだねー」とか何とか言ってれば、侮辱罪《ぶじょくざい》くらいにはなりますか…。いずれにしても、相手も当時中学1年生なんで、刑事責任は問えません(刑法41条「14歳に満たない者の行為は、処罰しない」)。

それは、さておき、とりあえず、私は、同級生のみんなから笑われるだけ笑われました。さりとて、特に彼女に対する悪感情も芽生えず、何の弁解もすることなく、ひたすら、淡々と学校に行き、普通に生活をしてました。というか、それしか選択肢がなかったというのが正直なところで…。

そんなこんなで、最初のうちは、私がクラスの中で一人で浮いていたんですが、時間が経つにつれて、段々と風向きが変わり、その後、彼女がクラスの嫌われ者に…。

なんか、どちらにしても、ちょっと切ないおはなし…。

2 SNSベースの愛の告白

さて、私の中学生のころの愛の告白は、面と向かって口にするか、ラブレターを書くくらいなものでしたが、今は、ＳＮＳを使うというのが主流になっているんでしょうか。あらたまって紙に書くよりも気軽かもしれないし、それに、出会いの可能性もすごく広がっていますよね。

でも、気軽な分、言葉も滑りやすくて、誤解も招きやすい、ずっとデータとして残って、第三者にのぞき見される可能性だってあるわけですから、便利さの裏に潜むリスクにもよく目を向けたほうがいいかもしれません。それに、いかに相手を信用できても、その関係が破たんしちゃったら、相手の持っているデータがどんな風に悪用されるかも分かりません。

ある男女のカップルが、仲良く交際していたとき、女性が、男性から「裸の写真撮らせて欲しい」と頼まれて、うっかり撮らせてあげた写真が、破局後に拡散されちゃったなんて話はよく聞きます。そんなトラブルからできた法律が、いわゆるリベンジポルノ法です。これは、今お話ししたような事例で、彼女の裸の写真のデータ画像を拡散させるなどした者を処罰するためにできた法律です。

しかし、この法律によって、加害者を処罰できたとしても、結局、一旦拡散した画像データなどを完全に消去し、原状回復するのは至難の業です。

今のネット社会で、その使用をためらってばかりもいられませんが、一旦発生した被害の回復は、法律をもってしても相当の困難を伴うということをよく承知した上で、時に不安を感じるような場面では、慎重に対応するのが賢明といえるでしょう。

ラブレターが、**ハラレター**になり、**ヤブレター**だけでは済まないことになるかもしれませんから…。

7　DNA詐欺

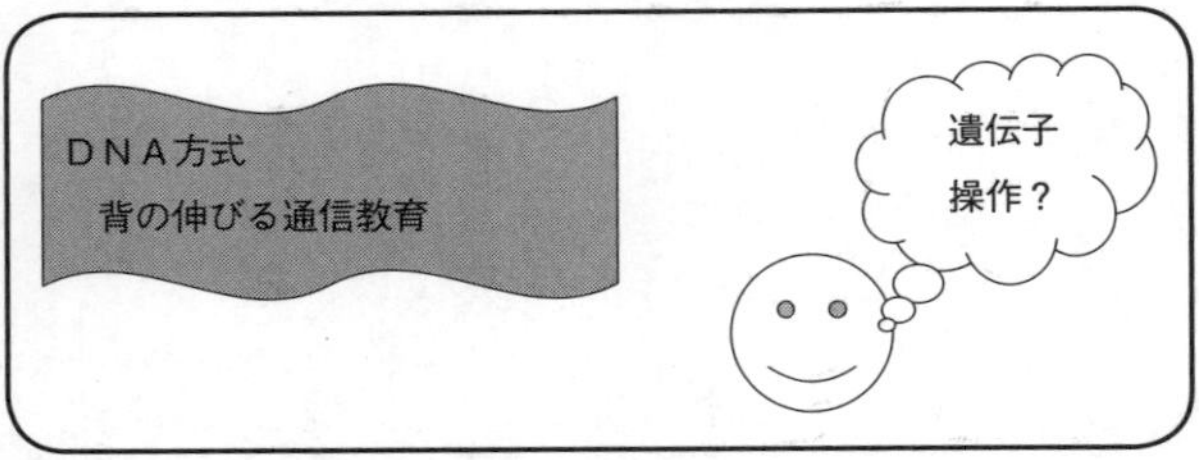

1　DNA詐欺

私の現在の身長は、160センチちょっと（私の家族は「そんなにあるはずがない！詐称だ」と言います。しかし、こっちには職場の検診という立派な証拠があるのだ、この真実は誰にも曲げられない！）。

中学生のときから、お勉強嫌い、スポーツ不万能、身長は今よりもっと低くてクラスで一番なのは体育で整列するときだけ…。

そのくせ怠け者で、運動しないで楽して身長を伸ばせる方法ないかなーとか、勉強しないで頭の良くなるクスリないかなーとか思いながら、ボーっといつものように週刊少年マンガを読んでいたときのことです。

なっ…なんと、背の伸びる通信教育「ＤＮＡ方式」なる広告が目に飛び込んできました。

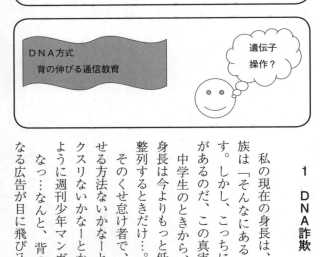

DNAといえば、高校の生物の授業で習いましたね。デオキシリボ核酸…人間を含めた地球上の生物の遺伝情報の承継と発現をつかさどる高分子生体物質、あなたの目も口も鼻も、体型も、それらの情報は、みーんなDNAに組み込まれています。その基本的な構造はというと、お化けの火の玉の原料になるリンが含まれたリン酸に、将棋の駒のような形をしたデオキシリボースという5個の炭素を中心とした糖がくっつき、これに4種類の塩基、アデニン（A）、グアニン（G）、シトシン（C）、チミン（T）のいずれかがさらにくっついて、1個のヌクレオチドというブロックができて、このブロック同士が必ず決まった相手と相思相愛で結ばれ、それが梯子《はしご》でいう足の踏み段になり、その梯子の二つの支柱を螺旋《らせん》状に捻《ね》じ曲げた形をして出来上がっている…って、何じゃ、そりゃ？

私は、生物の試験前に徹夜で、ジュゲム、ジュゲム…じゃない、ゲノム、ゲノムと意味も分からず呪文のごとく繰り返し、まるで嫌いな食べ物を噛まずに飲み込む気持ちで覚えていただけでしたので、大人になって仕事で必要になるまでは、ほとんど身に付いていませんでした。

ましてや、当時、中学生の私が、DNAについて何か知ろうはずもなく、ただニュースなどで遺伝子操作などという言葉を耳にしていたことから、この背の伸びる通信教育、何か遺伝子操作みたいなのに関係してるのかな程度の認識しかなかったわけです。

さて、この程度の認識しかなかった中学生が、このDNA方式の背の伸びる通信教育の広告を読み進めると、なんと、めっちゃ背が伸びるとのうたい文句がつらつらと書かれているではありませんか…両親ともチビの私は「これは、間違いない！オレのチビの遺伝子を操作して高身長のイケメンにしてくれるヤツだ！これでオレも女子からモテモテ！」と思ったわけです…。ってか、チビの遺伝子操作かどうか知らんが、イケメンもオマケについてくるんかい！勝手な思い込みもいい加減にしろ！こうして筆を進めていると段々自分に腹が立ち、40年前の自分に会って説教の一つもしたくなってきました…。

それはさておき、私の暴走はもう誰も止められません。なぜなら、めっちゃ背が伸びるとの数々の魅力的なうたい文句に加え、さらには、やっ、安い…当時、半年で2万5000円！よ〜し！やるしかない、お年玉やらなんやら大事に貯めていたブタの貯金箱をガッチャ〜ン！トンカチでブチ壊し、いざ申し込み！

業者に振込みをすると、数日して郵便物がポンっと送られてきました。

そこには何やら教本のようなものが入っていて、読んでみると、椅子に座って足を伸ばす運動などが書いてあるではありませんか。これを朝晩5分ずつトレーニングするというのです。それと、身長が何センチ伸びたか報告するレポート用紙みたいなものが…。
う〜ん、こんなんでホントに伸びるんかいなー。DNA方式ってなんだ…遺伝子操作とかじゃないの…?と思いながら、教本の後ろに載っていた解説をみると…。
あれ…?
D＝ダイナミック
N＝のび〜る
A＝あっと驚くぅぅぅ
の略だと書いてありました。哀れ、トレーニングの教本は、その数日後に通信教育の広告が載っていた週刊少年マンガと共にビニールひもでくくられたのでありました…。

2　詐欺いろいろ

振り込め詐欺というのは、今でこそ、ものすごい社会問題になっていますが、35年以上前に、私がひっかかったDNA通信教育も、詐欺みたいなもので、詐欺自体は、窃盗と並んで昔からある古典的な犯罪です。

本書のファースト・コンタクトの冒頭でも詐欺について触れましたが、今回は、もう少し詳しく詐欺について勉強してみましょう。

詐欺というのは、犯人が被害者をだましてお金などをとったりする犯罪であることはだいたいおわかりだと思います。

身近にある詐欺としては、無銭飲食などがありますね。お金を持っていないのに、飲食店等に入って、料理やお酒を頼んで、さんざん飲み食いした挙《あ》げ句《く》、お金がないから払えないと開き直るのがよくあるパターン（事例①）です。

これは、どこが詐欺か説明するまでもなく、代金を払うつもりがなく、料理やお酒をだまし取ったということですね。

それでは、注文した料理を食べ終わった後で、財布の中にお金がないことに気づいて、トイレに行くふりをしてお店から逃げた場合（事例②）、やはり無銭飲食になるでしょうか…？

実は無銭飲食になりません。というか、刑法上は、何の犯罪も成立しません。そんなバカな～と思われるかもしれませんが、どうしても犯罪にならないのです。

どうしてかというと、詐欺罪というのは、

1　犯人に人をだますつもりがある
2　犯人が実際に人をだます
3　だまされた人が犯人にお金や品物を渡す

ということが全て起きてはじめて成立します。

ですから、最初からお金を持っていないことを知っている（事例①）は、さきほどの1、2、3に当てはめてみますと、

1　犯人にお店の人をだまして料理を注文するつもりがある
2　犯人が実際にお店の人をだまして料理を注文する
3　だまされたお店の人が犯人に料理をだす

ということで詐欺罪になりますが、料理を食べ終わるまで、お金がないことに気付いていなかった（事例②）では、そもそも、

1　犯人にお店の人をだまして料理を注文するつもりがない

のですね。だから、料理を注文している時点で、だますつもりがないから、詐欺になりません。それでは（事例②）で、「トイレに行くふりをして逃げた」ことは詐欺にならない

でしょうか。たしかに、お店の人をだましているようにみえますが、逃げただけですから、お店の人をだましてはいません。

ただ、このとき、犯人が、逃げるつもりで「銀行に行ってお金をおろしてくる」などと言えば、お店の人は代金を支払ってもらえると思い、だまされたので詐欺になります。このように詐欺は、誰でも分かる犯罪のようで、意外と難しいのです。

なお、結婚詐欺などもよく耳にしますが、妻子ある男性が、結婚する気もないのに、既婚の事実を隠して「結婚しよう」などと迫って、女性と遊んだだけでは、結婚詐欺にはなりません。

刑法上の詐欺罪は、相手からお金などの財産をだまし取ることで成立するので、「私のハートを奪った」というだけでは詐欺にならないのです。

もっとも、不倫の場合は、民事事件としては、妻子があることを隠して結婚するとだました男性には相手の女性に対して民法上の不法行為が成立する余地はあるので、相手の女性は慰謝料を請求することができる場合はあります。ただし、相手の女性は、男性の奥さんから慰謝料を請求されるおそれもありますが…。

8　検察を支えるG

1　検察事務官とは

検察庁には、検察官がいるというのは、ご存知の方も多いことでしょう。

検察官は、警察から検察庁に送られてきた事件について、警察に対し捜査指揮をして、または自ら取調べをするなどの捜査をして、その事件を起訴するかどうかを判断して事件を処理したり、法廷で刑事裁判の原告官（訴える側）として立証活動をするなどしますが、その姿は、多くのドラマや映画で描かれているので、そうした検察官の役割は、比較的イメージしやすいのではないでしょうか。

ちなみに、検察官を検事ということもありますが、実は、検事というのは検察官の中の役職の一つみたいなもので、検察官の中には、検事のほかに、副検事など他の種類の検察官もいるのです。

さて、検察事務官は、どんなイメージでしょうか？これも、よくドラマなどで描かれていることにお気付きの方も多いかもしれません。取調べ室で、検事が被疑者を前に取調べをしているシーンなどでは、必ずといっていいほど、検事席の横に被疑者を真横から見るような角度で配置された席に座った人がいます。そして、その人は、検事調べの様子をパソコンを使って記録しているかのように描かれていることが多いですね。

なお、冒頭タイトルの「**検察を支えるG**」の「G」というのは、検察事務官を指します。ローマ字の頭文字をとるなら、「G」というよりは「Jimukan」の「J」かなという感じですが、「J」の場合、英語の「Judge」つまり、裁判官を指すことが一般的なので、それと混同しないように、事務官の頭の音のジィから「G」と略しているようです。ちなみに検察官は、英語の「Prosecutor」の頭文字を取り「P」なんですが、警察官も検察官と同じように英語の頭文字をとると「Police」の「P」になってしまうので、警察官の場合は、ローマ字の頭文字で「K」で示されます（ちょっと重複してますが、セカンド・コンタクトの「業界法律用語」（163ページ）でも出てきます。）。

さて、本題に戻りますが、先ほどお話ししたように、検察事務官は、検事調べに立ち会って検事調書を作成するという非常に重要な役割を担っており、これが最も象徴的で代表的な検察事務官の仕事です。しかし、その役割は、これに留まるものではありません。

検事の指揮の下で自ら捜査をすることもありますし、刑事訴訟法などの法令上では、検察事務官の独自の権限として、被疑者を逮捕し、呼び出し、取り調べをするなどの捜査をすることが認められています。また、検察事務官の中には、法務大臣から検察官の事務を取扱うことのできる辞令を受けている検察事務官もいます。このような人達を、検察官事務取扱検察事務官（名称が長いので、業界用語では「ケントリ（検取）」又は「ケントリ事務官」とも言い、ケントリさんなどと呼ぶこともあります。）といいます。この人達は、検察事務官でありながら、簡易裁判所に対応する区検察庁の検察官としての仕事をすることができます。

また、このように検察事務官が活躍するのは捜査部門だけでなく、捜査部門に準ずる検務部門という部署があります。ここでは、事件の受付、勾留状等の令状処理、証拠品の保管、罰金の徴収や罰金が払えない人を労役場に収容するなどの諸手続に関する事務を行うなど、実に様々な部署があり、その部署ごとに法令や実務に通じた精鋭の検察事務官が活躍しています。もちろん、その他にも、普通の民間会社と同じように、検察の屋台骨を支える総務、人事、会計などの事務部門で活躍する検察事務官もいますが、いずれの部門でも、私の知る限りとても優秀な人達ばかりです。

2　なぜ、検察事務官は、そんなに優秀で、そこまでやるのか

なぜ、検察事務官は、そんなに優秀なのか。それは、難しい国家公務員試験に合格しているから…？ 確かにそれもあると思いますが、それだけではありません。検察内部では、毎年、一斉考試《いっせいこうし》という試験が、検察事務官向けに行われています。憲法、民法、刑法、刑事訴訟法、検務事務という5科目で、理論や実務についての試験を行うもので、こうした試験を受けるために、検察事務官は、日夜、職務に励み実務能力を養うとともに、法律についての勉強を欠かさないのです。大変恥ずかしい話ですが、私が検事をやっていたころ、立会事務官が一斉考試の受験を終えて、問題を持って帰ってきたので、「どれどれ、私も挑戦してみよう」などと言い、事務官から問題を借りて、お昼休みにちょっと問題を解いてみたところ、なんと正答率50％…。これを見た私の立会事務官が一言ポロリ…。「検事…、もしかして、縁故採用ですか…」「あれっ…そうだったかな…ってなわけねーだろ！」

まー、それはさておき、とにかく検察事務官は、勉強家です。理論的な勉強はもちろん、実務で問題が起きれば、法令や詳細な通達に至るまでトコトン調べます。捜査が困難

な局面を迎えれば、多少の無理を押してでも頑張ります。なんで、そんなに優秀で、そこまでやるんでしょうか。勝手な解釈かもしれませんが、私は、彼らと一緒に仕事をして感じたことがあります。

一つは、検察における縦と横の連帯の強さです。検事も立会事務官も、長い時間をかけて一緒に汗を流し苦楽をともにします。この検事と一緒に事件を解決したい、この事務官と一緒に頑張ろうと、多少キツイ捜査でも、被疑者に真剣に立ち向かい、時に、被害者の話を聞いては三人で一緒に泣くこともあり、検事も事務官も思いを一つに事件に向き合います。

また、勾留などの令状処理では、被疑者の氏名の一字違いが過誤となり、1日の計算違いが不当勾留になりかねず、法の適正な執行に誤りがあってはならないとする使命感は勿論のことですが、それだけでなく、一緒に働く仲間を自分の過誤で裏切れない、絶対に迷惑はかけられないという思い、そんなところから、検察は縦にも横にも強い連帯感が醸《かも》し出されていて、それが検察事務官を切磋琢磨《せっさたくま》させる土壌《どじょう》となっているのではないかということです。

それから、もう一つは、彼らのプライドです。検事はよく知られた秋霜烈日《しゅうそうれつじつ》の検事バッジをつけますが、検察事務官にもバッジがあります。事務官バッジはブラウンを基調に金色の枠でかたどった五三桐紋《ごさんのきりもん》で、桐紋の中央に金色の崩し文字で「検察」と書かれています。私なりの解釈としては、検察事務官は、捜査などの場面で様々な権力行使を許された官職なので、その職務執行に当たり対外的にその立場を示すことができるように独自の事務官バッジがあるのだと理解しています。が、それは、裏を返せば、その重い職責を果たすための検察事務官の姿勢を形にしたものともいえると思います。彼らが事務官バッジをどのように理解し認識しているかはよく分かりません。しかし、彼らは、捜査部門であれ、検務部門であれ、事務局であれ、自分達の専門性について日々鍛錬《たんれん》して自信をもち、そして与えられた仕事をトコトンこなすことが検察を支えることであり、結局、それが個々の事件の事案の解明、被害者の救済、適正な刑罰権の行使、社会正義の実現につながることを肌感覚で実感しているんだと思うのです。そこが検察事務官プライドにつながっており、事務官バッジは、まさにその象徴だと勝手に考えているわけです。

以上のとおり、あんな、こんなと、分かっているような口振りで、多くの検察事務官が優秀であることの理由を、思いつくまま書き並べましたが、ここで、筆を止めて読み返しても、話の運びや日本語の使い方は別として、訂正したいと思うところは一つもありません。

3　検察事務官、こぼれ話

私が検事だったころ、ある日の取調べのことです。その日は、朝一番で、無免許運転の被疑者を呼び出しており、その取調べをやる予定でした。

予定時間の午前10時ちょうどに呼び出しを受けた被疑者が取調室に入ってきたので、私は、被疑者に、何となしに「おはようございます、時間ピッタリですね。今日はどうやってきたんですか?」と聞いたのです。これに対し、被疑者は、「山手線の電車で来ました」と答えました。すると、隣に座っていた立会事務官が「あれ?その電車、今朝のニュースでは、人身事故があって動いていないって言ってましたよ」と言うのです。その瞬間、取調室が静まりかえり、被疑者の顔が凍り付きました。そして、次の瞬間、被疑者は「あっ、間違えました。バスで来ました」と言うのです。すると、その立会事務官は、すかさず被疑者に向かって「電車とバス、間違える人、いませんよね」と言うと、被疑者は、ガックリと肩を落とし、その場にしゃがみ込みました。その被疑者は、こともあろうか、無免許運転の事件を起こし、その取調べを受けるために、無免許運転で検察庁近くのコンビニの駐車場まで車を運転して来庁したのでした。その被疑者は、その日のうちに、検察庁で逮捕しましたが、後で、私が、この立会事務官に「人身事故で電車止まってたって知らなかったよ」と言ったところ、なんと、この立会事務官、「ボク、今朝、ニュース見てません。あの被疑者、おかしいなと思ったからカマかけてみたんです。もし普通《ふつう》に電車が動いていたら、電車が不通《ふつう》と勘違いしましたって言えばいいかなと思って」と言うではありませんか。結局、この立会事務官の機転の利いた被疑者へのナイスなツッコミだったわけです。

実は、この立会事務官、ダジャレに関しても才能がありました。

今はもう、考えられないことですが、昔は職場でお土産を調理して食べることがたまにありました。その頃、某検察庁支部で、真冬の寒い時期に、支部長検事がお土産に買ってきた牡蠣《かき》を食べようということで、焼き牡蠣の会を開き、職員何人かで焼いて食べたところ、その牡蠣にあたってしまい、食べた人の半数が翌日出勤できないという事態になってしまったのです。

この立会事務官は、牡蠣は好んで食べないとのことで、焼き牡蠣の会には参加しませんでした。他方で、私は、牡蠣は大好物で、大量に食べて、その分調子よく、ビールもすすみヘロヘロになったのはよかったものの、翌日、物凄《ものすご》い腹痛と吐き気に見舞われ、登庁を断念。翌々日も相当なダメージが残っていましたが、半分這《はい》つくばりながら、なんとか登庁しました。

私　「おはよう、全くひどい目にあったよ…」

立会事務官「おはようございます！いや、検事、大変でしたねー。あんまり笑っちゃいけないけど、なんか思いついちゃいました」

私　「えっ…何を…？」

立会事務官「牡蠣《かき》食べて、真冬にとった牡蠣《かき》（夏季《かき》）休暇、うまいでしょ！」

私　「うまいっ…、けど、気持ち悪い…」

9　献花の報い

1　ある女性検事の献花

「おはよう、恩ちゃん、ちょっと検事と立会事務官を全員集めてくれないか……」と、次席検事から呼び止められました。ちなみに、「恩ちゃん」というのは某地検検事をしていたころの私のニックネームです。

「あっ次席、おはようございます。分かりました、すぐ次席の部屋に集合させます…、何かありました？」

「う〜ん…、いや…、皆集まったら話すよ」

この次席検事、普段はちょっと面白い人で、私が起訴の決裁を受けるために次席の部屋に事件記録を持ち込んだときのことです。私から何の説明も受けていないのに、いきなり「恩ちゃん、ちょっとその記録貸して」と言うや、記録を手にとって、まるで麻薬探知犬のようにクンクンと記録の臭いを嗅ぎ、「恩ちゃん、この記録、何か臭うぞ…俺は鼻が利《き》くんだ。起訴する前にもうちょっと捜査してみよーか」と言うではありませんか。これがズバリ的中！補充捜査で無事起訴できたということが実際にあったのです。

このように、この次席検事、普段は嗅覚が鋭い格闘技好きのタダの面白いオジサンなんですが、検事たちを集めてくれと言ったときの次席は、いつもと違い少し小難しい顔をしていました。私は、「なんだろう、次席にしては珍しいな…なんかヤバい話か…?」と思いながらも、とりあえず皆を連れて次席検事の部屋にやってきたのです。

するると、次席は、開口一番、

「ケイ子がさぁ～、やっちまったよ…。悪気はなかったのは分かるんだけどね…」

「えっ、次席、ケイ子って、サトウ検事のことですよね?何やったんですか?」

「うん…。実はさぁ、先週の木曜日に、うちに事件送致されてきた過失運転致死の事件があっただろう。大型バイクのハタチそこそこのライダーが、対向してきたトラックとガードレールに挟まれて亡くなったあの事件…、ケイ子に担当させることにしたんだよ。そしたら、あいつさぁ、早速、この日曜日に、黙って一人で事故現場に行って…」

「行って…?」

「凹んだガードレールのとこに花束おいて、拝んできたみたいなんだよな」

「えっ…、それって何か問題あるんですか…?というか、サトウ検事、黙って一人で事故現場に行って献花したんですよね。だったら、なんで、次席がそのこと知ってるんですか？」

「実はね、ちょうど、ケイ子が現場で拝んでるときに、被害者の母親が近くに来ていて、ケイ子の様子をうかがっていたらしいんだ。それでだよ、そのお母さんが、すごい剣幕でうちに乗り込んできたんだよ」

「何でですか…？全く意味が分かりませんが…。サトウ検事、献花してお参りしただけですよね。しかも誰にも言わずに、そーっと…」

「いや、恩ちゃんさぁ、お前の言うことは分かるよ。ただな、被害者のお母さんは、こう言うんだ。検事は、たまたま自分の息子の事件を担当することになっただけだ、一度も顔も会わせたこともない亡くなった息子のことなんて何も分からないくせに、何で献花にくるんだ、そんな気持ちのない形だけのお参りなんて、してもらうだけ不愉快だと…」

「そうですか…、それでサトウ検事は…？」

「お母さんが来庁された当日は、たまたまケイ子が別の事件で出張にいってて不在でな、総務課長が対応してくれたんだけど、それもまた悪かったよなぁ。一応、お母さんには、担当検事は出張で不在だって説明はしたんだけど、なんか、うちが嘘ついてケイ子をかばってたみたいでさ…、ちとタイミングも悪かったよ。で、ケイ子は、出張から帰って、俺に呼び出されると、黙って事の次第を聞いて、勝手なことをやったと言って謝ってたよ。俺がケイ子に現場に行った理由を聞くとさ…、あいつは、こう言ったんだ。『死体解剖に立ち会ったとき、顔面は、左から下顎《かがく》全体が押しつぶされていて、右眼を除いて原型を留めていませんでした。その唯一残された右眼の瞳を見たとき、その瞳が潤んでいるように見えたんです…。死体ですから、それは周囲の皮下組織が破壊されて体液が瞳に溜まっていたものでしょうけれど…、私はそれを見て、勝手に思ってしまいました。物言えぬ口の…その形さえ無くなったご遺体の最後の涙だと…。それで、ご無念の思いを晴らしますと誓いを立てるつもりでお花を手向けに行きました。勝手なことをして申し訳ありませんでした。』だとさ…。ケイ子は、口頭注意処分になったよ。まぁ、結局、お母さんのところに謝りに行って、なんとか許してもらって捜査は続けられることになったけどな。ただなぁ、いいか、お前らもよく聞いとけよ。検事は、昔から被害者とともに泣くなんて、そんなの当たり前なんだよ。ケイ子だってそうだよ。でもな、どんなに泣いても検事は検事だ。俺たちなんて、みんなバカなんだ。殺《や》られた奴の無念さも、刺された奴のもがきも、殴られた奴の痛みも、騙《だま》された奴の悔しさも、その受けとめ方も、当の本人じゃなきゃ、実際にやられたことある奴じゃなきゃ、分からんだろ!だから、軽々しく当事者の気持ちを分かったようなつもりになって動くんじゃねぇぞ。そんなこと、ちょっと気の利いたガキでも分かるようなことだ！」

2　俺たちなんてみんなバカ？

サトウ検事は、ただただひた向きな思いで、誰にも語らず一人で献花に行っただけでした。そして、そのとき、誰も見ていなければ、その花束は、役目を果たし、しおれたころに、そっと誰かに片づけてもらえるはずでした。

死亡事故の現場に足を運び、ただ献花をしたということで、上司から注意処分を受けたこと自体、理不尽なというか、何ともいえない釈然としない思いが残りました。他方で、突然の事故で息子さんを亡くされた失意のうちにある母親が、事故現場で献花する赤の他人である検事の姿を見て、激しい嫌悪の念を抱くのも全く理解できないわけではありません。

次席検事は、私達に「俺たちなんてみんなバカなんだ」と言われました。確かに、いくら記録を読み込み、事情を聴いても、少なくとも自分の過去に同じような憂き目がなければ、その苦しみ、辛さの片鱗さえも実は理解できていないのかもしれません。

そしたら、私達は、一体どうしたらいいのか…？

これまで、いろいろ考えてみて、自分なりに答えは三つに整理できるのかなと思うようになりました。一つ目は、少なくとも、自分が当事者の気持ちを理解しきれないという自覚を持つこと、二つ目は、だからと言って、理解を放棄するのではなく、理解しようとする姿勢を持ち続けること、そして三つ目、ここから先の答えは、まだ見つかりません。

これから、また少しずつ考えてみたいと思います。

10　なんで、日本人は、死ぬ、死ぬって言うの？

1　いざ、東南アジアへ出張！

私が、まだ裁判所書記官をしていたころ、内閣府主催の「東南アジア青年の船（Ship for South East Asia and Japanese Youth Program,SSEAYP 略して、東ア船といいます。）」という国際交流事業に、裁判所からの第1期生として参加したことがありました。

裁判所では、裁判官だけでなく、裁判所書記官等にも諸外国の法制度などを学ばせるための海外留学の制度があります。アメリカ、ドイツ、フランスといった国に留学して、現地の裁判所で見聞を広めたり研究をしたりします。私も、この海外留学制度を利用して、アメリカで勉強したいと思い、この試験を受けていました。1回目の受験では合格できず、2回目を受験して、まだまだ合格発表まで間があるころでしたが、しばらくしたところで、当時の上司であった首席書記官に呼び出されました。う～ん、これは、留学の合否のことではないな…なんだろうと思い、首席の部屋を訪れると…、「恩田君、きみねー、アメリカ留学希望してるよね。アメリカではなくて、東南アジアに行ってもらうことになったから…」「えっ…？あ、はい、勉強させていただけるなら、どこでも行きますが…、それって、青年海外協力隊みたいなヤツですかね」「う～ん、私もよくわからんのだが、多分、そんなもんだろ」「あー、そうすると、現地の人と一緒に田畑を耕すとか…？」「たぶん、そういうことかな？」とまぁ、こんな感じで、私が裁判所からの第1期生ということもあってか、首席書記官も東ア船についてはよくご存知なかったようでした、というか、これが、事実上のアメリカ留学不合格の通知となりました。なお、現在は、裁判所から国際交流事業には参加していないようです。

この東ア船の事業は、ざっくりいいますと、日本とシンガポール、マレーシア、フィリピンなどの東南アジア各国の青年（18～30歳）３００人くらいが、にっぽん丸という船に乗って生活を共にし、船内活動として様々な議題についてディスカッションをしたり自国の文化を紹介したり、はたまた各国を表敬訪問してホームステイをするなどして交流をするという国際交流事業です。

この国際交流事業、日本ではあまりメジャーではありませんが、東南アジア諸国ではとても有名な事業で、東ア船としてにっぽん丸が自国に寄港するなどとなると大々的に報道されたりもします。

2　なんで、日本人は、話の最後に、死ぬ、死ぬって言うの？

私は、この東ア船に参加して、にっぽん丸のルームメイトとして、フィリピン人のウィルソン、ニックネームがウイルス（あのお馴染みのインフルエンザのウイルスです）、それと、シンガポール人のトーマスと知り合いました。

ある晩、ウイルスとトーマスと私の3人で、バロットというゲテモノ（精神衛生上、解説を省略します。）を肴に、ジネブラというフィリピン産の40度の酒で一杯やっていたときの話です。

ウイルスが、へベレケになりながら、私に「**なんで、日本人は、話の最後に、いつも『死ぬ』『死ぬ』って言うんだ？**日本語ってちょっとおかしくないか…。あれ何？」と聞いてきたのです。すると、トーマスも同じように「そうだよ、変な言い方だね。何なの？」と聞いてきました。

う〜ん…？「死ぬ」「死ぬ」ってなんだ…？ウイルス、トーマス、あんた達、一体何言ってんの…？

ですます調…、あ〜なるほどデスね…。

犯人は、「ですます調」でした。

日本人は、日本語で丁寧に話すとき「恩田です」「そうです」「そのとおりです」「ここは1階です」「彼が船長です」などと言い、語尾に「です」を付けますが、この日本語の語尾の「です」が、英語の「ｄｅａｔｈ《デス》」に聞こえたようです。正確に言うと、英語のデスは名詞なので「死」とか「死亡」であり、死ぬだと動詞なので、英語では「ｄｉｅ」となりますが、ここは、ちょっと話を盛ってます。ただ、彼らの、とにかくいろいろなことに興味関心を持ち吸収していこうとする意欲は全くもってたくましいものがあり、初めて接する日本語にもこれだけ注意を払って聴いていたのかと思い感心したものです。

ちなみに、韓国語で、日本語の「ですます調」に当たるのは「ハムニダ体」、多くの人が知ってる韓国語の「カムサハムニダ」、これは「ありがとう」っていう意味ですよね。この言葉、分解すると「カムサ→カンシャ＝感謝」＋「ハ→ｄｏ→する」＋「ムニダ→ます」で、直訳すると「感謝します」ということになります。こうして筆を進めていると、韓国語を勉強し始めたころ、ウイルソン達と同じく、なんで彼らは「ハム」「ハム」って言うんだろ？そんなにハムが好きなのか、彼らの好物はハムじゃなくてキムチだろ！と思ったことを思い出しました。

3　ですます調書

日本語の「ですます調」と言えば、私が以前検事だったころある取調べで調書を作ったとき、ちょっと釈然としないことがありました。

それは、覚せい剤使用の疑いをもたれていた被疑者を取り調べたときのことです。

まずは、そのときの検事調書の記載の中を少し見てください。なお、この記載の中で「問」とあるのが検事の質問、「答」とあるのが被疑者の答えです。

問「あなたは、覚せい剤を自分の意思で使用したことはないと言っていますが、それは本当ですか」

答「はい、そうです」

問「それでは、なぜ、あなたの尿から覚せい剤の反応が出たのか、説明できますか」

答「誰かが、私の飲み物に覚せい剤を入れて、私がそれを知らずに飲んだんです」

問「誰かというのは、誰ですか」

答「それは、分かりません」

問「普通なら、覚せい剤ってお金払って買うものですよね」

答「はい、そうです」

問「何で、その誰かは、お金も払ってないあなたに覚せい剤を飲ませたんですかね」

答「それは、私を陥《おとしい》れようとしているんです」

問「何のために、あなたを陥れようとしているんですか」

答「分かりません」

という具合に、問と答を続け、被疑者の弁解の不合理性を炙《あぶ》り出していくタイプの検事調書を作ったんですね。

そして、その調書をもって、早速、上司のところに、この被疑者を起訴するための決裁に行きました。検事は、被疑者を起訴するときに、これで起訴してよろしいでしょうかと上司にお伺いをたてるのですが、これを決裁といいます。そして、この決裁で、起案した起訴状の頭に、上司のハンコをポンっと押してもらうと起訴できるわけです。

ところが…、です。このときの上司の副部長の反応が、これです。

「バカヤロー！なんだ、こりゃ？検事が調べで、～ですかぁって何なんだよ。お前のこの調書、これ、取調べじゃなくて、インタビューやってんのか！被疑者調べってのはなー、検事が追及するんだよ！こんな『ですます調』でフニャフニャした調書があるか！」と、まー簡単にいうと、説教をくらいました。この副部長、人は凄く良いんですが、ちと、口は汚くて、朝、私が「おはようございまーす」と言って副部長室に入るや、決まって「バカヤロー！」と返してきます。そして、私が、思わず「あっ…すみません」と謝ると、「理由もないのに謝るな！バカヤロー！」とまた怒られます。後で聞いた話では、副部長のおはようございますの返事の「バカヤロー」は「おはよう」の意味だったそうです…。読者の皆さんからすると、なんとなくパワハラチックかなーなんて思われる人もいるかもしれませんが、私の場合、なぜか、この副部長と波長が合って、「バカヤロー」と言われるのが嫌いじゃなかったんですね。一緒に飲んでるときも、バカヤロー、バカヤロー、と言われますけど、なんか励まされている気がしていました。ちまたでは、この副部長のプレッシャーで神経スリ減らして痩せられるっていうんで、女性検事の間で、「副部長式ダイエット」などとも呼ばれて、持てはやされてもいたようです…。

まー、それはさておき、問題は、この副部長の物言いではなく、副部長が指摘した、検事調書は「ですます調」じゃダメだというところなんです。

うーん、被疑者だからって「ですます調」はダメなのかなぁ～と疑問に思ったんですね。厳しい口調で追及しても、それだけでは真実は語ってくれないだろうし、しかも、例えば、被疑者の反省を促すためとしても、取調べは矯正教育の場でもなければ、刑罰でもないからなー、と思っていたところでしたが…。

そして、時代はかわり、取調べも録音録画が行われるようになり、必要があれば裁判員もその映像を見れるようになったこともあり、取調べでの「ですます調」は今やトレンドなんでしょう。

今となって副部長がおっしゃった言葉を振り返ると、それは「ですます調」という上っ面の話ではなく、検事は、どんなときでも常に、被害者のために、社会正義のために、毅然とした姿勢で被疑者と向き合い、事実を解明していかないといけないのだとご指導くださったのだと理解しています。

11　歯磨き百選

1　特任検事って、特命を受けた捜査検事？

検察官の種類には、検事や副検事などがあり、副検事については、検察事務官や裁判所書記官など一定の受験資格のある者が法務省で行われる副検事選考試験に合格して任官できます。他方で、検事は、多くの皆さんがご存知のとおり、通常、司法試験に合格し、司法修習を経てなるルートがありますが、これとは別に、検察官特別考試という試験に合格するルートがあります。

この試験は、副検事を一定年数以上経験した者に受験資格が与えられており、憲法、民法、刑法、商法、民事訴訟法、刑事訴訟法の法律6科目の論文試験に、検察の実務という科目を加えた7科目の試験を夏の暑い盛りに3日間かけて行います。

これに合格して検事になった者を、俗に「特任検事」といいます。特任検事というと、何か、特別な命令でも受けた捜査検事のようなイメージもありますが、それは、多分、特命と特任がかぶっているんですね。

2　妻の病気は絶対治す、仕事は辞めない、受験も止めない、全部一つも譲らない

私が、検察官特別考試に合格したのは、今からおよそ17年も前の平成14年度に実施されたものでしたが、実は、前年の平成13年度にもこの試験を受けています。このときは、準備不足もあり、得意だと思っていた民法などの法律科目も壊滅的で全く歯が立ちませんでした。

それで、次の年こそはと思い決意を新たにして、仕事を終えて疲れた身体に鞭打《むちう》って、机に向かって勉強していたある深夜のことです。妻が私の部屋にやってきて、悄然《しょうぜん》としながら「大事な話がある…」と言ってきました。何だろうと思い、話を聞くと、なんと、病院で診察を受けた結果、乳がんであると診断されたというのです。私は、このとき、妻子を顧みずに勉強ばかりしている私を驚かすために妻が冗談を言っているのかと思いました。しかし、いつまでも変わらずにいる妻の深刻な表情に、間もなく冗談ではないとわかりました。いかに医学が進歩した今日においても、誰もが「ガン」と聞けば、命にかかわる重大な病気であると考えると思います。

この話を聞き、私は受験を止めよう、もし妻の命にかかわるようなら仕事も辞めようと

さえ考えました。そして、そのように考えているうちに、すっかり落胆してしまいました。しかし、次の瞬間、自分がこんな気持ちでいて、妻を支えることができるのか、これからの生活を乗り切ることができるのかと思いました。明日への希望を持ってこそ、妻の闘病も支えることができるはずだ、よし、ここは正念場だ、妻のガンは必ず治す、治すためには何でもする、仕事は辞めない、受験も止めない、全部一つも譲らない、妥協は絶対許さないと覚悟を決めました。

それにしても、今から思い起して、お恥ずかしいのは、この私です。妻は、黙って一人で診察に行き、ガンと診断されたことをしっかり受け止めて淡々と私に話していたのですが、他方で、私は、それを聞き、怖気《おじけ》づいてボロ泣きです。ガンと診断された当の本人が最も心穏やかでなかったであろうに、本人を差し置いて自分がボロ泣きしているのですから、全くもって妻に申し訳ないやら、情けないやら…。

ただ、泣いてばかりもいられません。まずは気を取り直し、妻の病状を再度確認するために、セカンド・オピニオンを得よう、これをもとにしてこれからのことを判断しようと思いました。そして数日後、別の病院に行きましたが、診断結果はやはり同じであった上、早期といえる状態でもなく、むしろ不安は大きくなりました。誤診という淡い期待もあったのですが、それは虚《むな》しく崩《くず》れ去ったのでした。

しばらくして、妻は入院しました。当時、息子が中学1年生、娘は小学1年生になったばかり…。私は、妻が入院した後、息子にだけはちゃんと話しておこうと思い、娘が寝静まったころを見計らってそっと声をかけ、「ママは乳がんという病気になったけど、家族で力を合わせて頑張って行こう。ママはしばらく入院するけど、妹のことはしっかり頼むよ」と言うと、息子は、目を見開いてじっと私を見つめ黙って頷《うなず》きました。

その後、妻は、入院、手術となったのですが、手術時の検査の結果、幸い腫瘍の大きさの割には転移し難いガンであることがわかり、少し安心できました。妻が入院している間、子供達が寂《さび》しい思いをしていると思いかわいそうでしたので、なるべく定時には一旦仕事を切り上げ、帰宅に赴き、妻の入院先に連れて行ってやるようにしていました。時にはお見舞いの時間に帰れないこともあり、妻がパジャマに上着を羽織って、タクシーで娘を迎えにいってくれたこともありました。当時、千葉地検の刑事部で副検事をしており、それなりの事件を抱えていましたので、そのやりくりのために立会事務官にも大変ご迷惑をおかけしました。

3　歯磨き百選

妻が入院している間、私が開発した勉強法の一つに「**歯磨き百選**」というのがあります。百選というのは、法律ごとに重要な判例を100例載せた冊子のことであり、判例百選などといわれています。私は、この判例百選を、歯磨きしながら読みました。人にもよると思いますが、私の場合、歯磨きしながら何かをするというのは意外に集中できました。この勉強法のメリットは、歯が良く磨けるということ、デメリットは、集中する余り、百選の上に歯磨き粉が垂れるところです。

次に「目覚まし皿洗い」です。これは、夜、勉強していて眠くなってから食器を洗ったり、洗濯したりする方法です。それも、一度にやるのではなく、目が覚める程度にやり、また勉強して眠くなったら、皿を洗う、特に眠いときはこのサイクルを短くすることにより両方とも効率良くこなすことができます。

まー、そうはいっても、机に向かいながらも、眠くて眠くて…、そんなときは、決まって、いつまで経っても同じページの同じ行を何度も目で追ってしまいます。そして、そのうち、見開きの本の上に額をつけたまま、気が付いたら朝なんて日も少なくありませんでした。そんなとき、オレはなんて無駄なことやってるんだ！これだったら、布団に入って寝た方がマシだろ！何のメリットもない！と自己嫌悪に陥ったものです。しかし、見方を変えると、実は、ちょっとしたメリットがありました。見開きの本の上に額を載せたまま寝ると、その本のページには、額の油とヨダレがベットリ…、これが乾くと、そのページがバリバリになって、次回から開きやすくなるんですねー。

そうだ、人間のやることに、全く無駄なんてことは一つもないんだ！と勢いづき、今度は「暗闇勉強法」、街灯もない夜道で、帰宅するのにトボトボ歩きながら、本を開いて読むわけです。最初は全く読めません…しかし、ダンダンと目が進化してきて、どんな暗闇《くらやみ》でも読めるようになっていくという驚異の勉強法…とまぁ～、とにかく、自己肯定感バリバリで、どこへ行くのか、この暴走オヤジといわんばかり、明らかに誤った勉強法をもガンガン取り入れ、やりたい放題でした。

4 部長命令

妻は、約1か月で一応退院となり、無事に戻ってきてくれました。退院したとはいっても病気が病気ですから、心配は残りましたが、取りあえずは元気に戻ってきてくれたので、最大かつ最優先の懸案事項はひとまずクリアしたわけです。

そして、その後、しばらくしてから、私は予定どおり論文試験を受けたのですが、またしても受験した後で、1科目、民法で致命的な間違いを犯し、結論を逆に書いてしまったことに気付きました。あ〜、今年もダメか、来年受けるとなると3回目だぞ、いったいいつになったら合格できるんだ…と思い、半分腐りながら仕事をしていたときのことです。出張中だった刑事部長から「恩田君、特任検事の論文試験、合格したぞ…」とのお電話をいただきました。うわっ！ウソだろ！やったぁー！

刑事部長は、続けて「君、今、事件何件抱えている？君の持っている全ての事件を他の検事に配転換えし、君への新件の配転を停止する。明日から口述試験終わるまで役所に来るな！部長命令だ！」と言われました。

なんというありがたいお言葉でしょうか、今、思い出しても、当時の刑事部長への感謝の思いがこみ上げてくるとともに、部長にまつわるエピソードを一つ思いだしました。

以前、私が、大麻所持で起訴した事件のことなんですが、大麻草のうち燃えて灰になったものまで合わせた量で誤って起訴した事件で、裁判所から指摘を受けたことがありました。その時、これを刑事部長に報告したのですが、普通なら、「お前！何やってるんだ！ボーっと仕事してんじゃねぇぞ！」と怒られますよね。当たり前です。でも、この刑事部長は何とおっしゃったと思いますか？なんと、この時、私に対して「僕が、起訴の決裁のときに、よく見てなくて申し訳なかった」とおっしゃって頭を下げられました。もう、なんと申し上げたらよいか、自分のミスなのに、上司である刑事部長がミスを犯した部下に頭を下げてくるなんて、まったく想像できないというか、これを受けた私は大パニックです。本当に申し訳ありませんでした。そして、今度は、論文試験に受かった私に「試験終わるまで役所に来るな！」と強い口調でおっしゃっていただき…、もう、ただただ、何がなんでも合格するしかない！絶対合格します！ありがとうございます！と心の中で叫びました。

刑事部長のご配慮のおかげで、口述試験の2日間を含めた2週間近くを全て休ませていただき、ガッツリ勉強することができました。そして、なんとか、その年に最終合格を達成することができました。

私は、妻や子供達を支えながら、仕事をし、勉強しているつもりでしたが、実は、その逆でした。あの大変な病気の中で、どれだけ不安で怖い思いをしていたかわかりませんが、妻は、時に、子供達を迎えにいけない私にかわって病院を抜け出して迎えに行き、毅然として病気を乗り越えてくれました。子供達も、寂しさや不安に負けず、毎日、笑顔で迎えてくれました。そして、刑事部長や事件の配転換えを快く受けてくださった皆さん、家族や職場の多くの皆さんに助けられました。

結局、支えられていたのは私の方だったということです。

セカンド・コンタクト

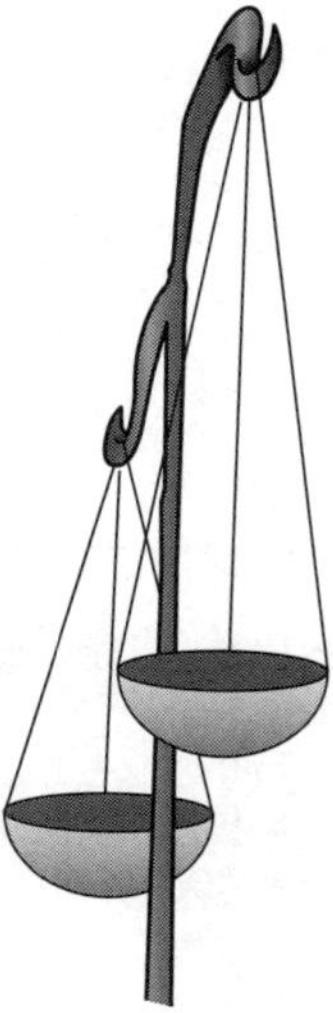

天秤

公平と平等の象徴として、正義の女神、テミス像が手に掲げているものです。

16の花弁を持つひまわりの形をした弁護士バッジにも、真ん中に銀色に輝く小さな天秤が描かれています。ひまわりの花は、太陽に向かって大きく明るくたくましく咲くことから「自由と正義」の象徴とされており、真ん中の天秤が表す「公平と平等」をあわせ弁護士としての姿勢や職務のあり方を示しているといわれています。

1　無冠の勲章…逮捕手続について

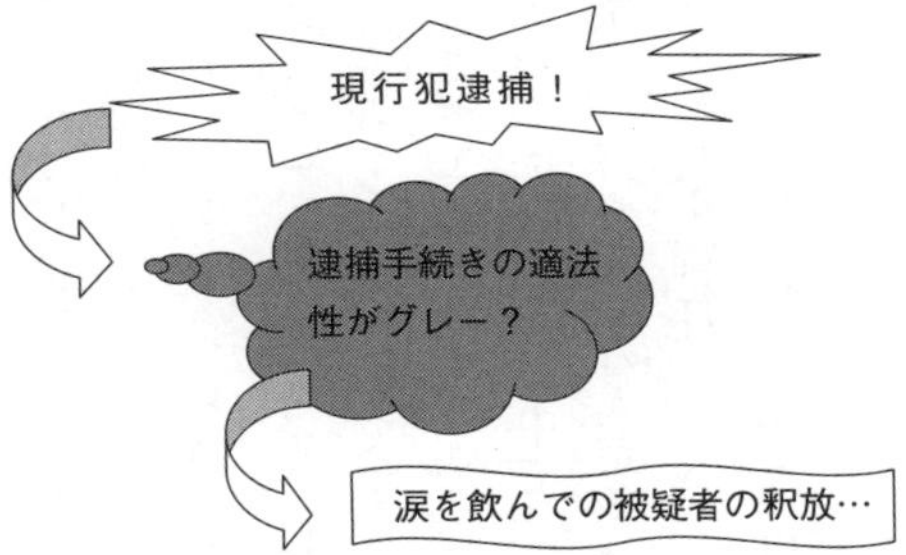

1　ある覚せい剤所持の取締現場

ある覚せい剤所持の事件で巡査長が、職務質問（職質といいます。）をしたときのことです。巡査長は、生涯、一警察官として職務を全うし市民の安全を守りたいと願う、当時54歳の警察官。

いつものように小雨の降る管轄区域を深夜パトカーで警ら中、前方に不審車両を発見。その車両は道路左側にハザードを炊いて停車していましたが、後部バンパーの中央部分が大きくへこみ、ナンバープレートが曲損しているのがわかりました。

これを見た巡査長は、「うん?事故か?」と思いましたが、周囲を見渡して、この車両のほかに相手方とみられる車両や怪我人は見当たりません。そこで巡査長は、職質に入る前に車両の特定のために緊急ナンバー照会をしてみたのです。すると、その車両が盗難車であることが判明。速やかに応援要請をした後、直ちに職質を開始すべく、パトカーを降車して不審車両の運転席に近づき、窓ガラスをノックしました。

パワーウインドーがウィーンと音を立てて下がると、頬がこけ目をぎょろつかせた痩せた男が「なんか用?」と気だるそうに一言。この様子を一瞥《いちべつ》し、経験豊富な巡査長は、「シャブ中だ!」とピンと来たのです。

「免許証を拝見させてもらえますか?」と言うと、男は素直に車から降りて免許証を提示しました。その後、応援を待つ中で、巡査長は男に対し、「変なクスリ使ってませんか。最近、覚せい剤など持っている人が多いんですよ。もし持っているようなら出してもらえませんか」などと職質を続行。

すると、男は、巡査長の隙を見て、現場に車両を残したまま脱兎《だっと》のごとく逃走を始めたのです。

巡査長は男を追いかけました。「待てーっ!」。男は必死で走っていますから、追いつくのは容易ではありません。それでもシャブの影響で体力が衰えていた男は、やがて力尽きて、その場に倒れこみ、その際、胸ポケットから白色粉末の入ったパケが飛び出し路上に落ちました。巡査長はその状況を現認しつつも、自らも追跡の足をもつれさせ、倒れた男の体の上に重なるように転倒。結局、外見上、巡査長が、任意捜査において男の所持品検査をする前に、男を制圧逮捕したかのような状態になってしまったわけです。その際、男は額と両手に軽い擦過傷《さっかしょう》を負いました。そして、ちょうど、そのころ、応援要請で駆け付けた警察官らが現場に臨場。男の胸ポケットから飛び出た白色結晶状粉末について簡易鑑定など所要の手続をとり、男は覚せい剤所持で現行犯逮捕されました。

2　逮捕手続きは適法だったか…？

そして送検、勾留となったわけですが、残念ながら、男は、20日間勾留の後、嫌疑不十分のため不起訴で釈放となったのです。

当時、検事だった私は、この事件の捜査に当たって、巡査長に何度か検察庁に出頭してもらい事情聴取をした結果、被疑者が自ら転倒し所持していた覚せい剤入りパケを路上に落としたとの一応の認定ができました。しかし、この事件の一連の逮捕の経緯を見ると、見方によっては、現行犯逮捕に先行する実質的な制圧逮捕状態があり、その中で覚せい剤が発見されたとの認定をされる恐れも可能性として否定できず、その方向に傾いた場合に立て直しが容易でないとの慎重論もありました。現に、捜査段階から被疑者に付いた私選弁護人は、被疑者からの聴取に基づき、逮捕手続の適法性を激しく争って主張してくる構えを見せていました。

そして、結局は、既に述べましたように不起訴釈放の判断となったわけです。私は、被疑者を釈放する前日の最後の事情聴取の中で、巡査長とこんな会話をしました。

私「今回の事件では、残念ながら、私の力及ばす不起訴の判断となりそうです。最後に所要の手続を経て、明日釈放になる見込みです」

巡査長「今回は、私のミスでご迷惑をおかけしました」

私「いいえ、被疑者の所持品検査をされる前に、被疑者の身体の上に誤って転倒されたのが少し残念なところもありますが、懸命に職務に精励《せいれい》されていた結果だと思います」

巡査長「そう言って頂けるとありがたいです。実は、今回の件で、所持品検査の前に逮捕行為が先行したとして処分を受けました」
私「えっ?巡査長は、逃走する被疑者の制止に際して、誤って被疑者の身体の上に転倒しただけじゃないですか。そんなこと誰にでも起こり得ますよ!その弁明はしたんですか」
巡査長「…いえ、まあ…実は、私には、数年前にも同じような誤りがありました。そのときも今回のようにギリギリの取締で検事さんには逮捕は適法だと言われたんですが、厳重注意処分を受けました。ですから、今回も検事さんには逮捕の顚末《てんまつ》をきちんとお話していますが、自分自身の処分に関しては弁解がましくなりますので、素直に処分を受けました」
私「それはおかしい!私が上司を通して抗議します!」
巡査長「いやいや、ありがたいですが、おやめください。誤りだろうとなんだろうと私が処分を受けるのは当然ですから。私は市民の安全が守れて、被疑者が更生してくれることを願っているだけです。今度こそ、今回のような誤りのないように、一警察官として職務に励むことをお誓いします」
警察官は、いついかなるときも冷静な判断のもとに正確で誤りのない行動が要求されます。ギリギリの判断の中で、拳銃の引き金を引くこともありますが、そんなときは、いつもお上の処分や一般市民からの批判、さらには犯人や自分自身の生死を分ける危険とも直面しています。このような厳しい職責を担うのが警察官ですから、今回のような巡査長の誤った転倒が許されるものではないことは当たり前です。結果も不起訴釈放で良いことは何一つありませんでした。ですから、処分を受けるのも仕方のないことかもしれません。

ただ、私には、このとき、現場で身体を張って真剣に職務に取り組む巡査長の胸に、確かに光る無冠の勲章がはっきりと見えました。

そして、私は、このとき、確信しました。

巡査長は、これからも、必ずや、その言葉どおり、一般市民の安全と犯罪者の更生のために職務を全うされるであろうと…。

2　聖母

1　あるひったくり事件から…

某市内にあるスーパーで、おばあさんが買い物している最中に、財布の入ったバッグの奪われた事件が発生しました。

被害者は、腰を丸めた82歳のおばあさん、購入した商品をレジで精算し、袋に詰めてカートを押して帰ろうとしていた時、何者かが後ろから体当たりしてきて、おばあさんが怯《ひる》んで倒れかかった隙に、財布の入ったバッグを奪っていったのです。

その時、たまたま非番で買い物に来ていた女性警察官が、異変に気付いて即座に倒れかかっていたおばあさんに近寄り、その身体を支えました。そして、介抱しながら事情を聴くと、おばあさんが「足が痛い…、バッグ、バッグ、ドロボウ…」と言って犯人を指さしているではありませんか。その女性警察官はすぐに事態を察知するや、近くにいた店員に「このおばあさんをお願いします！それと救急車！」と言い残し、犯人を追いかけました。そして、店外駐車場に出たところで、犯人の左手首をグワっと掴み、これをひねってうつ伏せに倒すと「強盗の容疑で緊急逮捕する！」と告げ、犯人はその場で直ちに御用となりました。この女性警察官の逮捕術、手首をひねってその反動で転倒させる小手返しという関節技！皆さんも刑事ドラマなどで見たことがあると思いますが、これが決まると如何にも逮捕という感じでカッコイイ。ちなみに、この女性警察官、警察の逮捕術大会で全国第2位の腕前の持ち主。それにしても、たまたまこんな凄腕警察官が非番で買い物していたとは…運の悪い犯人です…いや、実は、このお話、犯人にとって一概に運が悪かったともいえないんです。

2　そして、裁判となりました…

犯人の男は、強盗の容疑で逮捕されましたが、結局、起訴されたのは、おばあさんのバッグをひったくった窃盗となりました。こういうことは時々あります。強盗の場合、金品を奪う手段として、被害者が反抗できないくらい強い暴行や脅迫を加えないと成立しないのです。この点、窃盗の窃《せつ》という字は、訓読みで「ひそか」であり、窃盗というのは、ひそかに盗むということなので、手段として暴力や脅迫は必要ないんですね。今回の事件では、犯人がおばあさんに体当たりして、おばあさんが怯《ひる》んで倒れかかっており、足に痛みもありました。しかし、病院での診察の結果、幸い怪我もなく、これが強盗の暴行と言えるかまでちょっと何とも言えない感じだったのです。それで、検事も少し慎重に判断して手堅い窃盗で起訴したのでした。

さて、この犯人の男、自分の罪を素直に認めたのかというと…こともあろうか、全面否認です。その弁解は…ちょっと、そのときの裁判の様子を見てみましょう…。

3　第1回公判

裁判官「検察官、起訴状の朗読をお願いします」

検察官「はい、被告人は、令和元年9月10日午後2時30分頃、某市内所在のスーパー店内において、買い物カートを押して歩いていた被害者に後方から近づき、同人所有の財布在中のバッグをひったくり窃取したものである…」

裁判官「今、検察官が読み上げた起訴状の公訴事実は、どこか違うところはありますか。それとも間違いありませんか」
被告人「全く身に覚えがありません」
裁判官「少し整理しますが、あなたは、公訴事実に書いてある日時ころに、そのスーパーにはいましたか」
被告人「はい、いました。私は、おばあさんのバッグを駐車場で拾ったので、落し物として届けようとしていただけです」
裁判官「はい、わかりました。それでは、検察官、立証はどうされますか」
検察官「次回、被害者のおばあさんの証人尋問を請求します」
裁判官「弁護人、よろしいですか」
弁護人「はい、けっこうです」
第1回公判はここまでで終わりました。この事件、どうしてもおばあさんの証言が必要だったんです。こういう事件の場合、普通は、逮捕した人がその場の様子を目撃していますし、スーパーは防犯カメラがあるので、そういう証拠が使えるんです。しかし、今回の事件は、逮捕した女性警察官は、被告人がおばあさんからバッグを奪い取った後に異変に気付いて、おばあさんが指さした被告人を捕まえたというもので、被告人がおばあさんからバッグを奪ったところを直接目撃しているわけではありませんでした。しかも、頼みの防犯カメラは、おばあさんがバッグを奪われている場面が、ちょうど死角になっていて全く映っていなかったのです。

もうそうなると、おばあさんに法廷で証言してもらうしかありません。82歳の高齢のおばあさんに法廷で証言してもらうのは、本当に心苦しいところでしたが、事実を突き止めるためにはやむを得ませんでした…。

4　第2回公判　おばあさんの証人尋問はじまる…

第2回公判の当日、被害者のおばあさんは、被告人を逮捕したあの勇敢な女性警察官に付き添われて、杖をつきながらやってきました。

裁判官「それでは開廷します。検察官、弁護人、本日は、予定どおり被害者の証人尋問ということでよろしいですね」

検察官・弁護人「はい」
裁判官「それでは、証人は証言台の前に来てください。検察官、尋問をどうぞ」
検察官「あなたは、生まれも育ちも新潟の長岡ですね」
証　人「おら、長岡から出たことねぇがですて」
検察官「今年の9月10日、某スーパーに買い物にきていましたね」
証　人「はい、そいがです」
検察官「そこで何がありましたか」
証　人「レジで精算してカート押してたがろも、後ろから誰かに押されて、転びそうになったがぁです」
検察官「そのあと、どうなりましたか」
証　人「あっと思って、ビックリしたがぁです。ほーして、背中を押してきた人が、おらが左手にかけていたバッグを持っていったけん」
検察官「あなたのバッグを持っていった人は、この法廷にいますか」
証　人「(被告人を指さして)この人らて」
検察官「終わります」

裁判官「弁護人、反対尋問をどうぞ」
弁護人「はい、それでは、弁護人から質問します」
弁護人「あなたの視力はどのくらいですか」
証　人「この間、眼医者で診てもらったがぁですども、両目とも1.0らったゆうてました」
弁護人「なぜ、眼科に行ったのですか」
証　人「ときどき目がぼやけることがあるがぁですて。そいで診てもらったがぁです」
弁護人「診察の結果、異常はありませんでしたか」
証　人「少し白内障があるがぁけど、医者は、視力が1.0あるっけん治療しんでもいいゆうてました」
弁護人「あなた、白内障があるんですか！今回の事件で、本当に犯人の顔が見えたのですか！」
証　人「大丈夫らて。そんげんが、はっきり見たこっつぁて…」
弁護人「しかし、目の病気はあるんですよね。見間違いではないですか」
証　人「…」

検察官「異議あり！裁判官！証人の視力に問題はなく、はっきり被告人を見たと証言しているのに、弁護人は、さきほどから同じ質問を繰り返しています」
裁判官「異議を認めます。弁護人は質問を変えてください」
弁護人「分かりました。他に質問はありません。終わります」
裁判官「それでは、私から少し質問します。証人の被告人に対する今の気持ちを教えてください」
証　人「おらぁ、検事さんが、犯人が認めてないゆうて証人で出てくれって頼むから出てきたがぁです。だども、おらぁ、この人のバツ重くしれとは思ってねぇがぁです。おらが店でウロウロしていたのが悪りぃがぁですて。この人にも何か事情があるがぁでしょう。勘弁してやってくれて…。こんげん若い人、牢屋《ろうや》に入れんで欲しいがぁて…裁判長さん、お願いしますて…」
なんと、このおばあさん、今回の事件で被害に遭っただけでなく、法廷にまで引っ張りだされてもなお、被告人を庇《かば》っている…？しかも、自分が店でウロウロしていたのが悪いと…？そんな思いが頭をめぐり、法廷はしばらく静寂《せいじゃく》に包まれました。
そして、私は、おばあさんの思いに応えようと思い、ようやく口を開き「…あなたのお気持ちはよく分かりました。そのお気持ちを無駄にしないように裁判を進めていきます」と伝えると、おばあさんは「おらのせいで、皆さんに迷惑かけて、悪りかったのぉ…」と、最後まで自分が悪い、自分が悪いと言い残し、付き添いの女性警察官とともに法廷を後にしました。

5 その後の裁判…そして判決言渡

その後の裁判で、被告人は事実を全て認めました。実は、この被告人、前の裁判でも同じように高齢の女性がスーパーでカートを押しているところを後ろからやってきてバッグなどを奪った事件で、執行猶予付きの判決を受けていたのです。

今回、否認していた理由は、執行猶予が取り消されて長く服役しなければならなくなることを恐れてのことだと話していました。また、高齢のおばあさんばかりを狙うのは、その場で抵抗することもできないし、追いかけられることもない、いわゆるイージーターゲットである上、キャッシュカードなどを使う習慣がなく結構高額の現金を持ち歩いていることがあるためとの理由も全て話していました。

弁護人は、被告人質問で、「全面否認だったのに一転してここまで話すようになったのは、おばあさんの証言を聴いて反省したからか」と尋ねていましたが、被告人は、「関係ない、気が変わっただけ」と頑《かたく》なに答えていました。弁護人は、被告人の反省の情として答えさせたかったのでしょうが、被告人は被告人で、情に絆《ほだ》されたと思われたくないというプライドでもあったのかも知れません。つまらんプライド捨てて、もっと素直になればいいのに…。でもそんな答え、被告人の口から聞かなくても、あのおばあさんの言葉が被告人の心に響いたのは、誰の目からみても明らかでした。

こうして被告人質問を終え、検察官は懲役2年を求刑、弁護人は、被告人が事実を全面的に認めるに至り、その動機なども明らかにしたのは顕著な反省の証左《しょうさ》として、大幅な減軽を求めてきました。

そして、判決言渡し期日を迎えたのです。果たして、その主文は…。

「主文！被告人を懲役2年に処する！」

判決は、求刑満額の懲役2年でした。

被告人が起訴された事実は窃盗ですが、高齢のおばあさんに体当たりするなどその手段が悪質であり、場合によってはおばあさんに大怪我をさせていたかもしれないことを考えるととても危険なものだったともいえるでしょう。

おばあさんは罰を軽くしてほしいと望んでいましたが、その思いと、他方で裁判所の厳しい判断の二つの思いを受けとめて、しっかりと罪を償い、これからの人生を立て直して欲しいと考えました。

被告人は、求刑どおりの判決を受けたあと、まっすぐ前を見て一礼して「ありがとうございました」と一言いうと拘置所に戻っていきました。その時の被告人の顔つきは、明らかにこれまでと違い、何か強い意思を感じました。

その翌日には、被告人から上訴権放棄書（上級の裁判所に控訴など不服申し立てをする権利を放棄することが書かれた書面）が裁判所に届きました。

事件現場にたまたまいた非番の凄腕《すごうで》女性警察官に捕まったのは運が悪かったかもしれません。しかし、長い目で見れば、被告人にとって、この**聖母**のようなおばあさんが被害者だったのは、刑が減軽されるより百倍運が良かったに違いありません。

3　成年狡賢人

1　成年後見とは

後見人とは、判断能力などが不十分な人に代わって、法律的な行為をやってあげたり、財産を管理してあげたりする人のことで、未成年後見人と成年後見人の二つの種類があります。

未成年後見人は、何らかの理由で両親が親権を失ったり、両親が死亡してしまって未成年者の親権者がいなくなってしまったりしたときに、その両親に代わって未成年者の財産を管理したり権利を守ったりする役割を担う人のことであり、親権者が遺言で指定したり未成年者の親族などが家庭裁判所に請求して選任されます。

成年後見人は、元々、知的障害や精神障害をもっている方や高齢になり認知症になったため物事を判断する能力が常に欠けるようになってしまい、そのまま放っておくと、簡単に自分の財産をだまし取られるような状態になった人の財産や権利を守る役割を担う人で、本人やその配偶者や親族など一定の立場の人たちが家庭裁判所に請求して、その人の後見を始めますと裁判所が判断すると選任されることになります（このほかに任意後見という制度もあります。）。

2　多くの誠実な成年後見人の中にひそむ成年狡賢人

多くの成年後見人は誠実にその責任を果たされていますが、中には、成年後見人という立場を利用して、とんでもない事件を起こす人達がいます。

お年寄りの所有していたビルや土地を売却した代金を横領して自分が経営していた法律事務所の借金返済に充てた弁護士、認知症などの父親や母親の預貯金を勝手に着服する成年後見人の子供らなど、本来、被後見人のためにどうすればよいのか考えることなく、全く自分勝手な利欲的な思いで犯す身勝手な犯行です。

成年後見人が身内で横領行為を働いたケースで、刑事裁判になった事例の中には、身内なので「親族相盗例《しんぞくそうとうれい》」を準用するか、その考えにならって量刑上考慮してもらいたいなどと争い最高裁まで上告したものもあるようです。

親族相盗例というのは、夫婦、親子など一定の関係にある親族の間で盗みをしても、家族の間の問題として解決してもらう方がよいという考え方に基づいて処罰しないこととしているもので、刑法に規定されています。

もちろん、最高裁は、成年後見人が自分の立場もわきまえずに被後見人の預貯金を勝手に引き出して横領するような事件で、そんな主張を認めるはずがありません。常識論としても当然だと思います。

それよりも何よりも、私は、個人的な感想としてですが、少し厳しい言い方をさせて頂きますと、よくもまぁ、これだけの悪事を犯していながら、図々しくもこんな主張ができるな—と思うとともに、盗人猛々しいとはこういうことをいうのだろうと思ってしまいました。

こうした事件は、その事件で被害に遭われた被後見人の方々がとてもお気の毒なのは言うまでもないことですが、この社会的弱者を守っていこうとする成年後見制度の信頼を揺るがすことにもなりかねないという意味でも本当に許しがたい犯罪というほかありません。

そんなふうに考えていた中で思いついたのが、こうした人達の肩書です。

このような身勝手な大罪を犯した人達はもはや成年後見人ではなく、**成年狡賢人**と呼ぶのがふさわしいでしょう。

4　訴えられた被疑者は、裁判所書記官!?

1　裁判所書記官とは…

今回は、私が、以前、裁判所書記官として働いていたときに起きた、誠に得難い体験を一つお話しましょう。

その前に、裁判所書記官って何…?何する人…?っていう、皆さんの疑問にちょっとお答えしておきます。

裁判所書記官というのは、裁判所職員のうちの職種の一つです。

書記官というと、裁判があったときに、その記録を速記でもしている人かなと思われるかも知れません。半分は当たりですが、半分はハズレです。裁判所書記官は、主な仕事の一つとして、裁判の記録を調書として作成して、その内容を公に証明する役割を担っています。その意味で、裁判を記録するという点は当たっています。でもそれは、速記技術に基づいた記録ではなく、裁判が訴訟法等の法律に基づいて適正に行われていることを確認して、法廷での裁判官や原告・被告との法律上意味のあるやり取りなどを調書化して記録するものなのです。

調書を作成するために書記官が座っている席は、裁判官の座っている法壇の直ぐ前の一段下の位置にあります。

裁判に立ち会った書記官によって作られた調書は、法律によって強い証明力があることになっています。書記官は公証官といわれることもあるのですが、その意味するところは、読んで字のごとく、公に証明する官、つまり裁判の内容がどのようなものであったかを証明するために調書というものを作成することが書記官の固有の権限とされています。これはもの凄《すご》く強い権限であり、たとえ裁判官が記載命令を出しても、裁判官の命令が相当でないと書記官が考えた場合には、その意見を調書に記載して残すこともできるというものです。裁判をする判断機関としての裁判官と、裁判の内容を記録して公証する裁判所書記官とを別々の立場にして、書記官に相当程度独立した強い権限を与え、より裁判を公正妥当なものにしようとする制度の一つの表れでしょう。

その他にも、書記官には、裁判官の指揮の下で判例や法令等を調査する調査事務や、コートマネージャーとしての訴訟の進行管理をするなどの仕事もあります。訴訟の進行管理の主体は、もちろん、訴訟の主宰者である裁判官ですが、裁判官の包括的な指揮命令の下で、刑事事件であれば、第1回公判前の事前準備をしたり、訴訟の進行に関して検事や弁護士と直接連絡を取り合い、公判期日で行うべき内容を確認するなども書記官のとても重要な仕事の一つです。

2　ある日の朝の検察庁からの電話

さて、話を元に戻しますが、私が、以前、東京地方裁判所の刑事部というところで裁判所書記官として働いていたある朝の書記官室での出来事です。

私が、いつもより少し早めに出勤していると、「恩田さ〜ん、検察庁から電話です。間違ってこっちにかかってきちゃったみたいで。そっちに回しますね〜」と隣の島の女性事務官から声をかけられました。私は、あー、来週の公判の関係で、担当検事から連絡が入ったんだなと思い「分かりました、お願いしまーす」と言い、目の前の受話器を取りました。これは、まさに冒頭でお話した書記官のコートマネージャーとしての訴訟の事前準備の仕事です。

そして、私が「もしもし、恩田です」と電話に出ると…、「こちら、東京地検特捜部です」…えっ？とっ、特捜部？一体何だろうと思い、「あれ？何か、かけ間違えていませんか？うち財政経済部じゃないですよ…」と答えたのです。

ちなみに、財政経済部というのは、政治家の贈収賄事件や実業家の脱税事件等の東京地検特捜部が扱うような政治絡み、経済絡みの特殊な事件の裁判を扱う東京地方裁判所の専門刑事部のことです。私が所属していたのは、窃盗とか傷害とか薬物事件など通常事件を扱う刑事部でした。

電話の相手は「いいえ、恩田さんに用があってお電話したんです」と断言するではありませんか。

ありゃー、ついに、私も、東京地検特捜部から直電がくるほどの大物になったのか！大したもんだな…。なーんて喜んでいる場合ではありません。なんだってんだ、俺が何したってんだよ！もしかして冤罪《えんざい》…？

「あの～実はですね、恩田さんが作成された公判調書、昨年の1月26日にあった傷害事件の公判覚えておられますか？58歳の母親が自宅リビングのソファーで寝そべってオハギを食べていたときに、23歳の会社員の長女がスリコギで母親の頭を殴って、その拍子に母親がオハギをノドに詰まらせて窒息しそうになったという傷害事件の公判ですよ」

「あー、はいはい、覚えてます。たしか、母親が、ソファーであまりにもぐうたらしてオハギを食べている姿を見て、それで腹が立った娘が母親の頭を殴ったとかいう事件でしたね。あー、そういえば、あの事件で目撃証人の29歳の長男が法廷で証言した調書に対して、被告人だった長女から調書の内容が証言内容と異なるとして調書に対する異議が出ていました。もちろん、その異議は認められませんでしたが…。まさか、その関係ですか…?」

「そうなんですよ。恩田さん。それで、その調書異議が出た部分について、今度は、特捜部に、虚偽公文書作成、つまり、恩田さんが嘘の調書を作成したとして被告人が告訴してきたんです。それで、うちとしては、恩田さんに事実関係を確認しないわけにはいかないということになりまして、こうしてお電話してるんです。恩田さんがこの傷害事件の関係で作成された調書や一連の記録の写しはこちらでももう入手していて、それらの内容を調べたところ、特段、おかしな点は見受けられませんでしたが、恩田さんとしても特に虚偽の内容を記載したということはないとうかがってよろしいですよね」

「いや、それはもちろんですよ」

「どうもお忙しいところ、お時間を頂きましてありがとうございました。我々も、告訴を受けた以上、一応の聴き取り調査をしないといけませんので、悪しからずご了承ください…。失礼します」

こうして特捜部からの電話が切れると、しばらくして東京地検から「不起訴通知」、つまり今回の事件で私が不起訴になったことのお知らせの手紙が届きました。

3　線路は続くよ～どこまでも～♪

事《こと》は、不起訴通知では終わりませんでした…。

なんと、こんどは、同じ事件の同じ被告人であった長女から、公務員職権乱用罪という罪で、付審判請求の申し立てをされたではありませんか！

付審判請求というのは、公務員についての事件など一定の犯罪は、同じ公務員である検察官が手心を加えて不起訴にするということも考えられますから、そういうことをさせないために、もしも、そうした一定の公務員犯罪等について検察官が不起訴にして、それに不満がある人がいれば、裁判所に対し、事件を起訴して裁判をしてくださいと請求することができる仕組みなんです。それで、その付審判請求が出されると、裁判所は審査をして、これはいよいよ裁判をやった方がいいなと判断すれば、付審判請求を始める決定をして、検察官役の弁護士を決めて、起訴させて裁判をすることになります。また、裁判所が、これは裁判をするまでのことはないと判断した場合には、付審判請求に対して、審判不開始決定、つまり、裁判を始めませんという決定をします。いずれにしても、こうした公務員犯罪等の一定の犯罪については、検察官だけに起訴不起訴の判断を任せていると、本当は起訴しなければならない事件を検察官の独断で裁判にもせず終わらせることができるという事態になりかねず、そういうことを避けるために裁判所に判断させようという制度なんですね。

結局、私は、自分の勤務する裁判所から、付審判請求の申立があったという通知を受けました。その通知には「被疑者　恩田剛」と書かれており、生まれて初めて公《おおやけ》の文書に「被疑者」の肩書を頂くという誠に得難《えがた》い体験をしたわけです。よくマスコミで容疑者などといいますが、これが被疑者のことです。被疑者というと被害者と聞き間違いやすいので、容疑者と呼ぶようになったともいわれています（他にも諸説あります）。マスコミで騒がれる容疑者は、まるでもう犯人扱いですが、被疑者はあくまで被疑者で、犯人ではありません。私も一旦被疑者とはなりましたが、裁判で有罪判決が出るまでは、被疑者、つまり訴訟法上の当事者としての肩書に過ぎないのです。

その後、しばらくして、裁判所から、付審判請求の審判を開始しないという審判不開始決定の書面が私に届きました。私にとっては、通常どおり書記官としての職務遂行に当たり嘘いつわりなく証人尋問調書を作成しただけですので、当たり前の結果でしたが、何か賞状でもいただいたような気分になりました。

4 元被告人はよく勉強していたと感心

元被告人は、私の作成した調書がよほど気に入らなかったのか、それで有罪になったことが悔しかったのかよく分かりませんが、結局、私の調書に関する不服申立ては、いずれも結果を出すことができませんでした。

しかし、よくまぁ、これだけの不服申立て手段を次から次に出してきたなぁと思いました。これは、その元被告人を責めているのではなく、またイヤミでもなく、素直に、よく勉強しているなぁと感心した次第です。

この元被告人のように、公務員のこのやり方がおかしい、この役所のこの対応がおかしいと思った場合、さまざまな不服申立て手段があります。

公務員である我々は、そうした申立てがないように普段からしっかり仕事をしていく必要がありますし、仮にそのような形で申立てを頂いた場合にも誠実に対応していかなければならないと思っています。

5　検事の隠し子？

1　若気のいたり

ある検事の奥様がカンカンになって怒っています。

「あなた！何、これ！あなたの机の上にあったのよ！訴状に子供を認知して欲しいって書いてあるじゃない！あなたに、私の知らない子供がいたなんて知らなかった！うわぁーん（強糾《ごうきゅう》…じゃない、号泣）！」

「ちょっと、ちょっと、待ってよ。そんなに興奮しないで…、あのねぇ、ママ、若気の至りというか…、申し訳ない、反省してます…。んっ？ってか、何で謝らなきゃいけないんだ…？うちの子供は、長男の甲太郎と長女の鮎だけ！この訴状、よく見てよ。これはね、子供を認知しないまま亡くなった父親に対して、その子供が認知を求めている家庭裁判所への訴えで、ボクが検察官として担当することになった家事事件だよ…。他人の死後認知請求事件！…そんな凄《すご》い剣幕《けんまく》でまくし立てられたから、つい悪くもないのに謝っちゃったじゃないか」

「家事事件…？死後認知…？あなたの仕事、検事でしょ…？何？何なの…？」

2 実は、検事の扱う事件は、刑事事件ばかりではない…？

検事といえば、刑事事件がご専門、それはそのとおり…。

ただ、検事の扱う事件は、実は、刑事事件ばかりではないのです。一般的にはあまり馴染《なじ》みがありませんが、例えば、不適法な婚姻の取消の申立てをしたり、死亡した人の財産について相続人がいるかどうか不明な場合に管理人の選任を裁判所に申し立てたり、はたまた、冒頭でできたように、死亡した父親に対する子供の認知請求事件の被告になったりもします。

また、訟務《しょうむ》検事といって、国を当事者とする民事訴訟や行政訴訟などで、国側の代理人として弁護士的に活動する検事もいますし、検事が行政機関の人事交流で、財務省や経産省などに出向して政策に携わることもありますし、内閣法制局や衆議院又は参議院の各法制局に出向して立法作業等に携《たずさ》わることもあります。中には、外務省に出向し、アタッシェや一等書記官などの外交官として活躍する人や国連などの国際機関で活躍する人もいます。最近では、法科大学院に実務家教員として行ったり、民間企業研修ということで金融機関、電力会社、メーカーなど様々な民間会社に行ったり、一定期間、弁護士登録をして弁護士経験をする検事もいます。

実際の現場の多くの検事が、捜査や公判で刑事事件を扱っており、映画やドラマでも刑事事件で活躍する検事ばかりが目立つので、検事と言えばやってる仕事は刑事事件の捜査公判と思われがちです。

しかし、実は、検事は、刑事事件を扱うプロであると同時に、行政側の法律の専門家として、検察庁法を始めとして、公益の代表として様々な権限が与えられており、実に多種多様なジャンルで活躍しているのです。

6　裁判官は法廷では警察官？

1　裁判官は、法廷では警察官？

裁判官が法廷では警察官とはどういうことでしょうか？

刑事裁判を傍聴された方は思い出していただきたいんですが、たしか、刑事法廷では、被告人が手錠をかけられて腰縄で縛られていて、その腰縄を留置場の警察官や刑務所の刑務官が握っていたのではなかったでしょうか？

その人達が警察官役の人たちなのでは…？

いえいえ、裁判官には、れっきとした警察権があるのです。これを法廷警察権といいます。

法廷内で、暴言やヤジを飛ばす傍聴人を退廷させたり、暴れる被告人を制圧して、時には拘束した上で処罰するということもあります。

もちろん、裁判官自らが手足を動かしてやるわけではなく、被告人を伴ってきた警察官などの戒護《かいご》職員や裁判所職員に指示をして警察権を行使して、法廷の秩序を守ったり、審理に支障が出ないようにするのです。

ちなみに、法廷警察権というのは刑事の裁判だけでなく、民事の裁判でも裁判官の職務遂行上の権利として法律により認められています。

2 異議あり！ただ今の検察官の質問は誘導尋問です！

さて、裁判官には、刑事裁判だけでなく民事裁判においても、法廷の秩序を維持するための法廷警察権という権限があるのが分かりました。

このほかにも、裁判官はいろいろな権限を使って法廷運営をしています。

法廷で、検事と弁護人が「異議あり！」などとやりとりすることは、テレビドラマでもよくありますよね。弁護人から「異議あり、ただいまの検察官の質問は誘導尋問です！」な〜んて感じです。誘導尋問というのは、読んで字のごとく、相手の答を自分の期待する答に誘導することです。例えば、交通事故の目撃者の証人尋問で、被告人の運転する車の信号の色が赤だったかどうかが問題になっているのに、検察官が、目撃者に対し「被告人の対面信号機の色は赤でしたね」と質問するのは、検察官が期待している答を目撃者に対する質問の中に織り込んで、赤だったと言わせようとしていますね。これが誘導尋問であり、こういう尋問は基本的にルール違反なんですね。こういうときは、「被告人の対面信号機の色は何色でしたか」と質問しないといけないことになっています。だって、そうしないと、極端な場合、全て質問者の言いなりで「はい」と答えて終わってしまうことになりますよね。

このようなルールに違反した質問に対して異議が出た場合、反対当事者に対して意見を求めて、その異議が適法か理由があるかを判断して処理するというのも裁判官の権限の一つです。

また、裁判官には、当事者の主張や意見などの意味がよく分からないとき、どういうことなのかを問いただす釈明という権限も持っています。そして、それは、当事者の方からも、反対当事者が何を言ってるか分からない時、裁判官の釈明を促す形で求められることもあります。

例えば、弁護人から「裁判官！ただいまの検察官が起訴状朗読した公訴事実について釈明を求めます」という具合です。これは、弁護人が、検察官の読んだ公訴事実、つまり、どんな犯罪が成立しているのかの事実の部分ですが、これについて分からないところがあるので、裁判官に対し、検察官に分かるように説明するように申し向けてもらいたいというものであり、求釈明《きゅうしゃくめい》と言われています。これに対し裁判官が、「弁護人、公訴事実のどの点について釈明を求めるのか、明らかにしてください」などというと、弁護人から「第一に日時の特定について、第二に被告人の犯意の発生時期についてです」などと答えが返り、さらに検察官から「その点は、証拠調べで明らかにします」とか「釈明の要はないものと考えます」などと返答があるわけです。これがまた、双方が納得いかずで永遠と求釈明の応酬になってしまうことがあります。こうなってくると、もはや求釈明ではなく、お互い痛いところの突《つつき》き合いで、答えに窮《きゅう》する窮釈明《きゅうしゃくめい》となっていきます。

そのとき、もしも裁判官が判断に窮し、焦って間違った判断で「えいやっ！」と答えてしまうと、後で自分が泣くことになり、これがホントの泣釈明《きゅうしゃくめい》となります。やはり、このようなときこそ、落ち着いて、「直ちに返答できないので、持ち帰り検討する」などとしてクールダウンのために一旦幕を引くというのが賢いやり方であり、まさに休釈明《きゅうしゃくめい》と言えるでしょう。

ちょっとダジャレが続きましたが、このように、裁判官には、当事者の意味不明な主張などに対して、その意味を明らかにさせる釈明権が、当事者には、それぞれ、裁判官に、反対当事者に対し釈明を求めることができるわけです。

こうしたやりとりの中で裁判の審理がすすんでいくわけです。

7　プラセボ

1　病《やまい》は気から…万能の偽薬

最近、食欲がない…少しやせてきたかも…身体がだるい…、ひょっとして重い病気かもしれない…。

あまり健康に自信のない気の小さな人の中には、どこが悪いか分からないけど、いろいろとあちこち調子が悪いなどと言って病院に駆け込む人もいます。

患者「先生、最近、どうも頭がモヤモヤするんです…。食欲もない」
医師「血液検査の結果も、ＣＴやＭＲＩの結果も何も異常ありませんよ」
患者「先生、あと、心臓がドキドキするんです…」
医師「心電図の結果もなんともなかったですよ」
患者「先生、でも、ほんとに心臓がドキドキするんです」
医師「あなたねぇ、心臓はね、ドキドキするものなの、ドキドキしなかったら死にますよ…」

とまぁ、どこかの漫談家ドクターの黒板使った医事漫談みたいなやりとりもあるやに聞きます。このように、患者が、なんだかよく分からないけど具合が悪い、あっちもおかしい、こっちもおかしいという訴えを「不定愁訴《ふていしゅうそ》」といいます。まさに読んで字のごとくですね。

こんな症状のとき、どんな病気もたちどころに治してしまう万能薬があるのをご存知でしょうか。

患者さんと医師のやり取りの続きをみていきましょう。

患者「そしたら、私は、このまま何の治療もしてもらえず死ぬのを待つしかないんでしょうか」

医師「あなたの症状に合う万能薬が一つありますよ。この薬は、頭のモヤモヤも治るし、食欲は戻るし、心臓はドキドキしなくなります。それに副作用が全くないから安心して飲めますよ」

患者「ありがとうございます。ただ一つ心配が…」

医師「えっ…まだ何か心配ありますか？万能薬ですよ」

患者「心臓がドキドキしなくなるのは困るんですが…」

医師「ドキドキしなくなるって、止まるわけじゃないですよ（笑）」

さて、この医師が患者さんに処方した万能薬、これが、この記事のタイトルでもある**プラセボ**、別名、プラシーボ（Placebo）です。プラシーボとは、ラテン語で「私を喜ばせる」という意味。そこから転じて、患者さんを喜ばせる、つまり患者さんの病気を治ったような気分にさせる薬、いわば偽薬《ぎやく》という意味に使われるようになったのです。偽薬ですから、もちろん薬理作用は全くなく、逆に副作用もない、毒にも薬にもならないわけです（あー、というか、患者さんの思い込みで効果がでるので、薬にはなりますね。）。粉薬ならただのデンプンとか、注射薬なら生理食塩水などが使われます。こんなもの、飲んでも打っても何の効果もないはずですが、これが、人によっては実によく効きます。特に、権威に弱くて素直な人…お医者様が万能薬と言っているんだから間違いないと信じて疑わない、正に「鰯《いわし》の頭も信心から」ということです。

2　錆《さび》は身から…万死の偽薬

ある日の深夜のこと、都内で警ら中の警察官らが、テンプラナンバーの怪しい車を見つけました。テンプラナンバーというのは、取締などを逃れるために、本来のナンバーを外して、どこから盗んだりして車に取り付けた別のナンバーのことであり、車をテンプラの中身に、ナンバーをそのコロモにたとえている警察隠語です。

警察官らは、早速、その車両に乗車していた被疑者に対して職務質問を開始したところ、被疑者が覚せい剤の常習者特有の様子を見せていたため、被疑者の了解の上で、車両内の所持品検査をしたのです。すると、ダッシュボード内に、100グラムほどの白い塊《かたまり》が入ったビニール袋があったのが発見されました。この白い塊について、被疑者を追及したところ、覚せい剤だと認めました。そこで、直ちに現場で予試験という簡易な鑑定をし、覚せい剤の陽性反応が出たので、被疑者をその場で覚せい剤所持の現行犯人として逮捕したのです。

ところが、被疑者が所持していた覚せい剤を正式な鑑定に回したところ、陰性、つまり、覚せい剤ではないとの鑑定結果が出てきました。そんなはずはないということで、何度も鑑定を繰り返したのですが、あるときは疑陽性、また、あるときは陰性という結果ばかりでした。さらに鑑定を繰り返していると、不思議なことに白い塊の表面は場所によって疑陽性、内部にあっては、ほぼ100パーセント陰性。こんなバカなことがあるかと思い、この陰性となる物の正体は何かと鑑定してもらったところ、実は「苛性《かせい》ソーダ」、つまり水酸化ナトリウムだったのです。この水酸化ナトリウムの塊の表面に僅かに覚せい剤の粉末が付着していただけであり、いわば**覚せい剤の偽薬**だったわけで、現行犯逮捕のときの簡易鑑定では採取した試料がちょうど覚せい剤の濃度の高い部分だったのでした。水酸化ナトリウムは、強アルカリ性物質であり、まともに身体に取り込めば、その量によってはただではすみません。もっと安価で猛毒の物質が偽薬として使われていることだってあるかも知れません。被疑者は、こんな毒物を、密売人から騙されて高い金を払って買っていたわけですから、身から出た錆び…愚かというか、哀れというか…。

こちらの偽薬、同じ偽薬でも、使う人を喜ばせる**万能の偽薬**プラセボとはまったくかけ離れた毒物…、使う人の命も蝕むおそれのある**万死の偽薬**ともいうべきものでしょう。

8　僕の、私の叱られ度

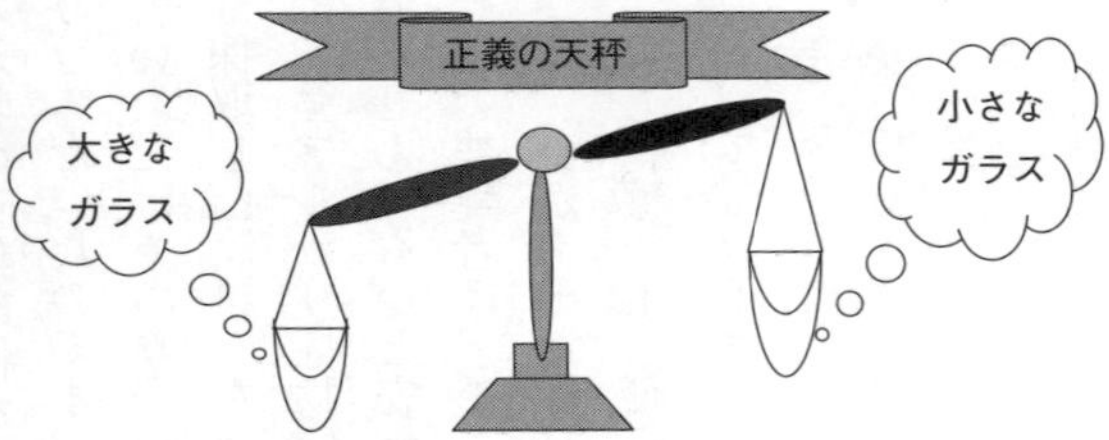

1　どちらの方がよりひどく叱られるか

「僕の、私の叱られ度」と題する何かのアンケートだったか記憶が定かではないのですが、おやっと思い目をとめたことがありました。

それは確か、どんなことをすると叱られるのかという小学生に対する質問だったと思います。その質問の一つに、大きなガラスと小さなガラスを割ったのでは、どちらのほうがよりひどく叱られるかというものがありましたが、小学生は皆、口をそろえて大きなガラスと答えていました。

これを見た時、なぜこんな質問がされたのか、私はその意味がよく分かりませんでした。別に小学生に限らず、誰でもそう思うのではないか、当然、大きなガラスではないかと…。

実は、私のこの当然とする答えに大きな誤りがありました。

大きなガラスであろうと、小さなガラスであろうと、割った行為に違いはないはずです。私たち大人はこの点を見逃しやすい。ついつい金銭的に高価な大きなガラスというものが先に立ち、感情的になりがちです。しかし、重要なのはガラスを割ったという結果よりも、割る行為に至るまでの事情がどうだったかということです。

事《こと》はガラスに限りません。

例えば成績一つにしても、まずは成績表です。全てが結果、結果、結果。努力を評価しているつもりでも、どうしても結果を偏重してしまいやすいものです。

これでは、子供達は、結果さえよければ何をしてもかまわないと考える世渡りのうまいお調子者の集まりになってしまうような気がしてなりません。

どこかの一流大学の学生が、その思いあがりから何人もの女性に性的暴行を加えるなどの事件が起こるのも、こんな生育背景が少なからず影響しているのではないでしょうか。

私自身の自戒の念も含め、やはり、もっともっと子供が結果を生むまでの過程に目を向けるべきなのだと思います。大人の不注意な一つ一つのお小言が子供をダメにしているかもしれないのですから。

2　刑法の世界でも

刑法の世界でも、行為と結果のどちらをどの程度考慮して、その発生した犯罪自体がどの程度悪いものかを評価する考え方があります。

それは犯罪の違法性というところで出てくる問題です。

行為自体が違法かどうかを重視する考え方、結果の重大性を重視する考え方などがありますが、いずれかの考え方だけでは正しい評価はできないと考えられています。例えば、殺人未遂を考えてみてください。人を殺そうとして拳銃の弾を発射したが、全く外れてしまい、相手の人は無傷だったとしましょう。結果を重視しそれで十分とする極端な立場では、相手の人は死んでおらず、傷も負っていないのだから、殺人罪については違法ではなく無罪ということになってしまいます。これは誰が見てもおかしい結論です（もちろん、日本の刑法では、殺人未遂について被害者が無傷でも処罰される規定があるので無罪ということはありません。)。また、同じように人が死んだ場合でも、わざと殺した場合と、交通事故で人を殺《あや》めてしまった場合も、やはり結果だけを重視したのでは、罪に差がないことになってしまいますが、これも健全な常識から全くおかしいことが分かります。

これまでのそれぞれの例からも分かるように、結果だけを重視し、あるいは行為だけを重視し、それだけで犯罪が違法かどうかを評価するということは偏りすぎているわけです。

やはり、行為と結果の両方の面からよく見て、その犯罪がどれだけ悪いものなのかという違法性を評価判断していくことで、はじめて本当の意味での犯罪の悪質性を理解できるわけです。

9　逮捕されるとどうなるの？

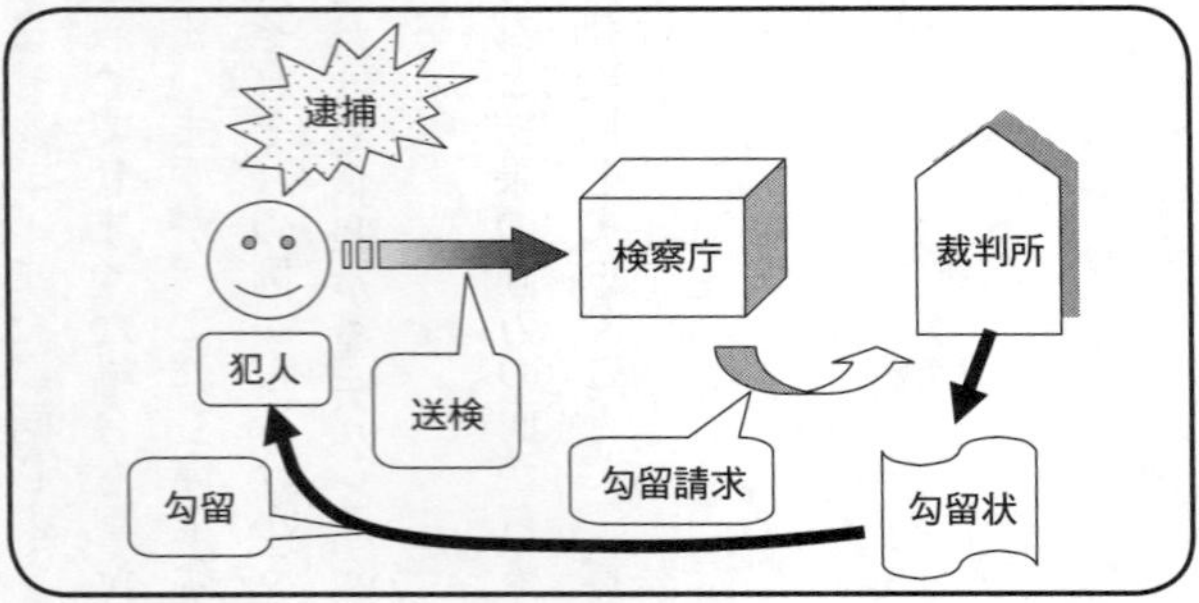

1　逮捕には3種類ある

逮捕されると、どーなるのか…、それを考える前に、逮捕ってどんなもので、どんな種類があるかみてみましょう。

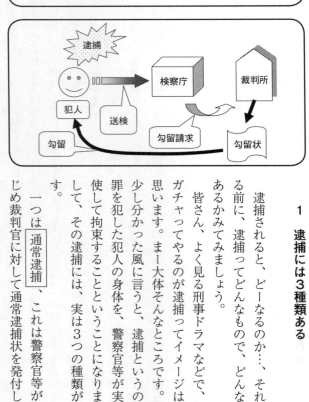

皆さん、よく見る刑事ドラマなどで、手錠でガチャってやるのが逮捕ってイメージはあると思います。まー大体そんなところです。これを少し分かった風に言うと、逮捕というのは、犯罪を犯した犯人の身体を、警察官等が実力を行使して拘束することということになります。そして、その逮捕には、実は3つの種類があります。

一つは通常逮捕、これは警察官等があらかじめ裁判官に対して通常逮捕状を発付してほしいと請求して、裁判官がその請求を認めたときに逮捕状が発付され、その逮捕状に基づいて、警察官等が犯人を逮捕することをいいます。

もう一つは**緊急逮捕**、これは例えば殺人や放火などの一定の重大犯罪について、逮捕する緊急性が認められる場合に、逮捕状のようにあらかじめ裁判官が発付した令状によらずに犯人を逮捕して、その逮捕の後に、あらためて裁判官に緊急逮捕状を求める逮捕です。

最後に**現行犯逮捕**、これはまさに目の前で犯罪が行われているのを見たときに、裁判官の令状なしに、その場で、犯人を捕まえる逮捕のことです。この逮捕は、警察官でなくても、一般人である読者の皆さんにも認められている逮捕行為です。

今、お話しした逮捕のうち、やはり原則は、一番最初にあげた通常逮捕でしょう。あとの2種類は犯罪が重大で逮捕の緊急性があったり、目の前で犯罪が行われていたりした場合の例外的なものと考えることができます。

2　逮捕されると…

さて、逮捕について分かりましたが、それでは、逮捕された後、一体、どうなるのでしょうか…？

(1)　逮捕から送検まで

ある日、自宅に警察がやってきて、玄関ドアをノック「コンコン、恩田さん、いますかぁ」、「はい、どちら様？」と言ってドアを開けると、目の前に強面《こわもて》のデカが数人、「恩田さんですね。裁判所から逮捕状が出てます。暴行の容疑です。事実読み上げます。被疑者は、令和元年8月15日午前2時半ころ、東京駅構内において、駅員の顔面を1回殴打したというものです。では逮捕します。逮捕時間15時25分、被疑者を逮捕！」という感じで、手錠を掛けられて、とりあえず逮捕されます。

その後、逮捕状に記載された警察署に連行されていき、弁解録取《べんかいろくしゅ》と言って、逮捕された人から、逮捕された事実についての弁解を聞いてもらえる機会があります。そのときに、言いたくないことは言わなくてよいという黙秘権や弁護人を選ぶことができるという権利を伝えてもらえます。

それらの手続を経て、逮捕された人の弁解が調書に記載され、逮捕された人がその調書の内容を確認して署名指印して弁解録取書が完成します。

その後、本格的な取り調べに入り、逮捕されてから最大で48時間以内に、送検といって検察庁に逮捕された人の身柄と事件の記録が送られます。ニュースなどで送検とか書類送検などということがありますが、まさにそれです。なお、送検とは区別して書類送検ということもありますが、一般的には、単に送検といえば、逮捕されて身柄が拘束されている場合（以下「身柄事件《みがらじけん》」といいます。）、書類送検といえば、身柄が拘束されていないで在宅の場合（以下「在宅事件《ざいたくじけん》」といいます。）で事件の記録である書類だけが検察庁に送られることを指します。

逮捕中の48時間以内に、警察の段階で留置の継続の必要がないと判断したときは、そこで釈放されますので、その時点で在宅事件となり、送検は書類送検となります。一旦身柄が釈放されると48時間以内に送検しなければならないという制限がなくなるので、相当期間経過後に、書類送検となるケースが多いようです。

(2)　送検から勾留まで

それでは身柄事件に戻ります。身柄事件が送検されると、検察官が被疑者の弁解録取をします。これはさきほど説明した警察での弁解録取とほぼ同じです。そして、検察官が、被疑者を勾留して捜査を続ける必要があると判断したときは、裁判所に勾留請求《こうりゅうせいきゅう》という手続をとります。これは、裁判官に、この被疑者の事件について、まだまだ調べなければならないことが沢山《たくさん》あるが、被疑者を釈放すると、事件について証拠を隠したり、どこかに逃走してしまうかもしれないので被疑者を警察の留置場等に勾留してもらいたいと申し出る手続です。

裁判官は、検察官のこの請求を受けて、被疑者に対して勾留質問という手続をとります。これは検察官等の弁解録取と大体内容は同じで、裁判官が直接、勾留請求の事実について被疑者から話を聞く手続です。裁判官は、検察官から送られてきた事件の記録を読み、被疑者から直接話を聞き、勾留が必要かどうか判断します。そして勾留が必要であると判断したときは、勾留状という令状を発付します。これにより原則10日間被疑者は勾留されることになります。ここで、裁判官が勾留は必要ないと判断した場合は、勾留請求は却下となり、被疑者は釈放されます。ただし、検察官に不服があると、上級の裁判所に不服の申し立てができるので、その結果によってはやはり勾留ということになることもあります。その後、10日間の勾留ではまだ期間が足りないとなると、通常の事件では1回だけ勾留期間の延長が認められ、その期間は最大でさらに10日間です。ですから、被疑者の勾留期間は、通常の事件ですと、最大で20日間ということになります。

(3) 被疑者勾留から起訴まで

最大20日間の被疑者勾留のうちに、検察官は、原則としてその事件について捜査を終え、起訴するか不起訴とするかを判断し処分をしなければなりません。

検察官が判断した結果、起訴となった場合は、被疑者勾留はそのまま被告人勾留となり勾留は継続します。ただし、起訴されたあとは、被告人や被告人の親族、弁護人など一定の者に保釈請求をすることが認められるようになります。なお、この起訴の中には正式に法廷で裁判を受ける起訴と、裁判官が書面だけで審理する方式による略式起訴の二つがあります。略式起訴の場合は、通常、起訴された当日に裁判所の判決に相当する略式命令が出て、その時点で勾留状の効力がなくなりますので自動的に釈放となります。逆に不起訴となった場合ももちろん釈放されます。起訴、不起訴が決まらない場合もあります。このような場合でも釈放されますが、その場合は処分保留で釈放となります。処分保留で釈放となると、事件自体は起訴されるかどうかまだ分からず、身柄だけが在宅となるので一般の在宅の事件と変わらない扱いとなります。

起訴された場合は、その後、裁判の審理が進み、判決となるわけです。

3　こんな事件でも逮捕されることがある？

一般道路で自動車を運転中、ちょっと急いでいたので一時停止すべきところで停止せずにスッと走ってしまったところ、お巡りさんに見つかって切符切られちゃったとします。でも、その後、反則金払わず、お手紙がきても無視して、さらに警察から呼び出しも無視し続けたとなると、さて、その人の運命や如何に…？

比較的軽微な交通違反でも、こんなふうに何度呼び出しても無視しているようですと、正当な理由がなく出頭しないとして、ある日突然、自宅に警察官が来て、逮捕状を見せられて、両手に手錠がかけられる、なんてこともありうるわけです。

そのときは、これから会社にいかないといけない、大切な用事があるなどと言っても、もう遅かりし、発付された逮捕令状は、冷たく情け容赦のない逮捕**冷情**となって、その不出頭の被疑者の身柄を拘束することとなります。

ほんの少しの速度違反や一時停止違反など軽微な交通違反をする多くの人は善良な市民であり、中には少し厳しめの取り締まりを受けて釈然としない思いや悔しい気持ちになる方もいるかもしれません。でも、違反は違反です。その軽微な違反の繰り返しが大きな事故を招くこともあるかもしれません。

本書の姉妹編である「裁判と法律あらかると」でも触れた私自身のお恥ずかしい話ですが、学生時代に、バイクに乗ってて住宅街で道に迷い、目の前にいるお巡りさんに道を尋ねようと近づいたら、その道に一方通行の規制があり、その場で一方通行逆走の切符を切られたということがありました。

そのとき、私は、お巡りさんに、「道に迷ってたんですから、一方通行だなんて知りませんでした。勘弁してください」と懇願したんです。でも、そのお巡りさんから「気持ちはわかりますけどねぇ、でも、あなた、ちゃんと運転免許を持っていますよね。標識もきちんと確認して安全に運転しないといけないってわかっている人だから、自動車の運転免許が交付されて運転を許されているんじゃないですか」と言われ、それ以上、何の反論もできず、素直に反省しました。

どうか、皆さんも、もし仮に、ちょっと気が緩んで違反して取り締まられたなんてことがあったら、大きな事故になる前に気づかせてもらってよかったと思うくらいの気持ちで、手続に則《のっと》って、反則金を納めるなり、呼び出しに応じるなりしてください。

そうでないと、やはり、残念ながら、ゴネドクや不誠実な対応には厳しい対応が待っているというほかありません。読者の皆さんは決してそのようなことがないようにしてくださいね。

10　交通事故の被害者のご家族

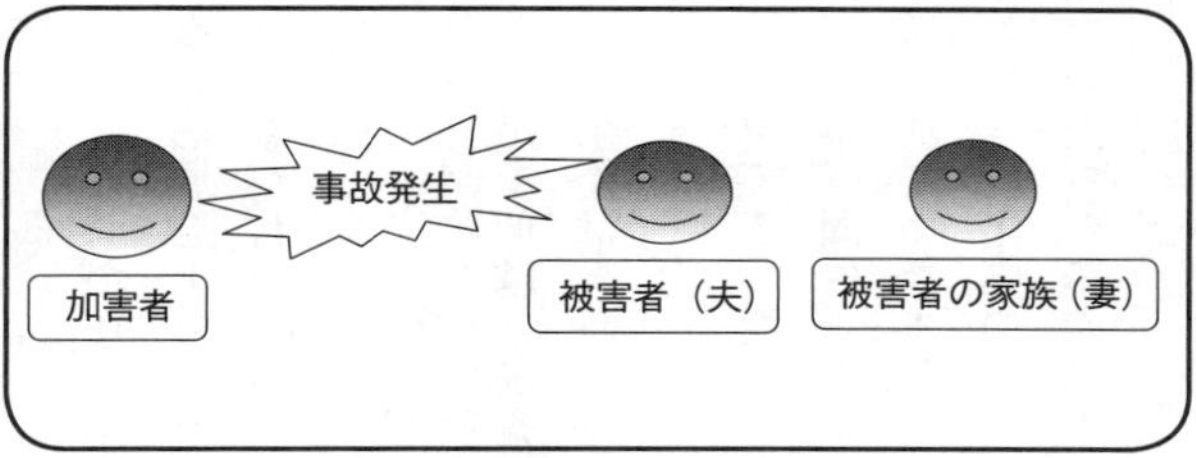

1　ある交通人身事故の発生

ヨシさん、40代の土木会社に勤める作業員。某市内で、歩道の修復作業で一段落し、お昼時になって、車道に背を向け歩道の縁石に座ってお弁当を食べていたときのことです。

一台の１５００ＣＣの普通車が、けたたましいエンジン音をうならせながら、ヨシさんの左斜め後方から背中めがけて突進してきました。近くにいた同僚が「ヨシさん！危ないっ！」と叫んだ瞬間、その車の前部がヨシさんの背中に衝突！ガツッ、ガン、ガッシャーン！その車は歩道縁石に前輪を乗り上げると、大きくワンバウンドして、その先にある民家のブロック塀に激突。車がワンバウンドした際、その前輪が高く上がり、ヨシさんの身体は、車と路面の間に飲み込まれていったのです。

「おい！大丈夫か、しっかりしろ！誰か、救急車！」

ボンネットから白煙を上げる車に駆け寄った同僚たちが、車底部をのぞきこんで叫びます。ヨシさんは同僚たちの呼びかけに応える気配は全くありません。薄暗い車底部では、ヨシさんの怪我の様子もはっきりとは分かりませんでした。

ただ、仰向けに倒れていたヨシさんの後頭部には血だまりが…、そして、その血だまりは、瞬く間にその足を伸ばし前輪の路面を赤く染めていったのです…。もはや、レスキュー隊を待っている余裕は一時たりともありません。

「ジャッキだ！ジャッキもってこい、はやくしろ！」

騒然とする野次馬でごった返した事故現場で、響く叫び声、必死の救出劇です。

ヨシさんは、無事、同僚らの手によって車の下から救出され、その直後、現場に到着した救急車で搬送されていきました。

同僚たちはみな、救出劇の疲れも忘れ、呆然と立ち尽くしていました。

そして、ただただヨシさんの生還を願い、遠のいていく赤色灯をいつまでも見守っていました。

一方で、事故を起こした被疑者は、38歳、主婦、買い物に行く途中だったといいます。そして事故を起こす前の記憶がないとのこと…その場で臨場した警察官に現行犯逮捕されました。

2 被害者のご家族…

逮捕された被疑者は、その後、検察庁に送られ（送検）てきました。事故の原因は居眠り運転…。事故を起こす以前から夜間の寝つきの悪さに悩まされていた被疑者は、時折、日中に強い眠気に襲われることがあったといいます。事故を起こす直前にも車を運転中に突然、強い眠気を感じたのですが、もう少しで家に着くという安易な気持ちからハンドルを握り続けてしまいました。果たして、被疑者は、運転中についに仮眠状態に陥り、その暴走の刃をヨシさんに向けたのでした。

私は、被疑者が送検されて数日後、ヨシさんの搬送先病院を訪ねました。その頃、ヨシさんは、病床で脳死に近い状態であり、心脈は日に日に弱り、医師によれば、もう一日、二日ともたないであろうとのことでした。
そこで、私は、被害者が亡くなるのは時間の問題だと考え、被害者にかわり、被害者のご家族のお気持ちを調書にして証拠化するために、ご家族にお電話したのです。そのときに、私は、とても大きな過ちを犯してしまいました。
私「もしもし、私、東京地検検事の恩田ですが、ヨシ様のお宅はこちらでよろしいでしょうか」
奥様「はい、そうです」
私「ご主人様が大けがをされて、さぞやご心配のことと思います。検察庁としましては、今回の事故について鋭意捜査を進めているところです。つきましてはご遺族のお気持ちをお話いただき、調書に…」
奥様「夫、死んでませんよ！ご遺族って、どういうことですか！」
しまった！と思ったときは、既に遅かりしです。何をどう弁解しても取り返しがつきません。ただただ平謝りです。
しかし、私の謝罪が奥様に響くことは決してありませんでした。当たり前と言えば当たり前です。この失態が大事にならないで欲しいという保身を考えただけの謝罪でしたから、伝わるべき誠意はあろうはずもありません。

結局、奥様のお気持ちはエスカレートされるばかりでしたので、その日は、最後に一言「申し訳ありませんでした」とお詫びし、電話を切らせて頂きました。

この電話を切った後も、私は、奥様のお気持ちを考えて反省するというのでもなければ、まさに生死をさまよい最期の時を迎えようとしている被害者のことに思いを致すこともありませんでした。

ただ、心の中で「下手をすると処分があるかも知れないな。つまらんミスをしたものだ。クビを洗って待つしかないか…」と心の中でつぶやくだけの開き直りです。

そして、その次の日、警察を介して病院から連絡があり、ヨシさんがお亡くなりになったと知りました。

その連絡があって間もなく、ヨシさんの奥様が私を訪ねて来庁されたと受付から連絡がありました。前日に相当お叱りを受けていた上に、ヨシさんが亡くなられた当日いらっしゃったわけですから、一瞬、「今日一番会いたくない人が来たな…」という気持ちがよぎりました。

しかし、会わないわけにもいかんだろうと思い、渋々、検事室にお呼びすると…、事務官に誘われて部屋に入ってきた奥様が、私に対し深々とお辞儀をしてきました。

「昨日は、興奮してしまい大変失礼なことを申し上げてしまいました。どうかお許し下さい。本日、夫が亡くなりました。検事さんには心を砕いてお調べ頂いていたのに、ひどいことばかり言ってしまい、本当にごめんなさい…」

これを聞き、私は、自分の保身ばかり考えていた情けなさや恥ずかしさから、返す言葉も見つからず、「いいえ、私が悪いのです。申し訳ありません」とお答えするのが精いっぱいでした。ヨシさんが病床で生死をさまよわれている間、奥様としてどんなにご心配だったか、突然の事故で奥様と話もできなくなったまま亡くなるのを待つだけだったヨシさんがどれだけ無念の思いだったか…、自分の妻子が同じ目に遭っていたら…。

私は、このことがあって以来、犯罪被害者がお亡くなりになっても、「ご遺族」という言葉は絶対に使わないと心に決めています。

被害者がご存命でもお亡くなりになっても、「被害者のご家族」であることに変わりはないのですから…。

11　業界法律用語

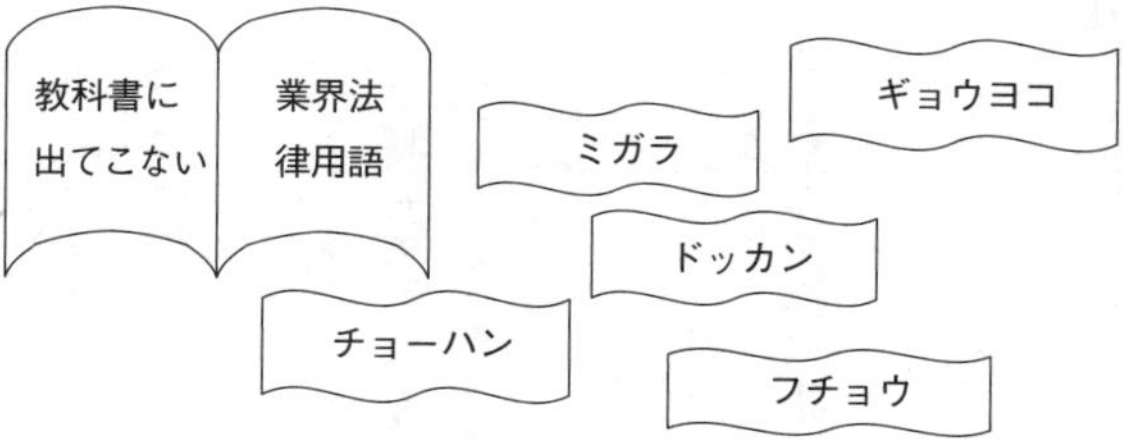

1　凝固したミイラ

私が、裁判所から検察庁に転職して1日目のことです。

まだ右も左も分からずに、指導検事の取調室でおとなしく座っていると、事務官が指導検事に「検事、**ギョウコ**した**ミイラ**が来ました」というのです。

私は、それを聞き「さすが、検察庁…こんな取調室までミイラがくるのか…これからミイラの検視をやるのかな~」とビビリながらしばらく待っていると、普通に手錠をはめられた被疑者が腰縄をつけられて警察にひっぱられてやってきました。実は、私がギョウコしたミイラと勘違いして聞いたのは、「**ギョウヨコ**の**ミガラ**」

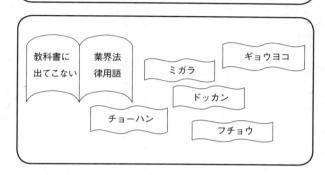

だったのです。つまり、

×「ギョウコ」→○「ギョウヨコ」＝業横＝業務上横領

×「ミイラ」→○「ミガラ」＝身柄＝逮捕されて拘束されている被疑者

ということでした。

業務上横領というのは、皆さんよくご承知の、仕事で会社のお金を保管している社員が、自分のお金として持ち去ったり使い込んだりした場合の犯罪です。そう聞くとなーんだと思いますが、ほとんど知らない業界用語が、しかもダブルで重なると、凝固したミイラのように、そら耳になっちゃうわけです。

2 まだまだある業界法律用語

法律の教科書に出てこない業界法律用語はまだまだ沢山あります。そのうちの一部をご紹介しましょう。

(1) ドッカン＝独簡→独立簡裁

バクハツ音ではありません。

裁判所は、最高裁判所、高等裁判所、地方裁判所、家庭裁判所、簡易裁判所と、最上級の最高裁判所から最下級の簡易裁判所まで5種類の裁判所があります。この最下級の簡易裁判所は地方裁判所の本庁や支部があるところでは併設されており建物も地裁と同じ庁舎内にあります。

しかし、簡易裁判所は、地方裁判所やその支部よりはるかに多くの数がありますので、簡易裁判所だけで独立して建っているところも相当数あります。このような簡易裁判所を独立簡裁、略して「ドッカン」と呼んでいます。

(2) チョーハン＝調判→調書判決

さいころ賭博の「丁半コマがそろいました」ではありません。

民事も刑事も判決は、判決書によるのが原則ですが、自白事件など一定の事案明瞭な事件については、裁判所書記官が作成する調書に判決内容を記載することで判決書に代える調書判決が認められおり、この調書判決を略して「チョーハン」と呼んでいます。

(3) フチョウ＝不調→調停不成立

体調不良ではありません。

調停で申立人と相手方のお話し合いが残念ながらまとまらなかった場合を指してこのようにいいます。なお、訴訟を一旦お休みして調停で話し合いをしてみる手続きをとることがありますが、こちらの方は、調停に付するという意味で「付調停（フチョウテイ）」といい、微妙に違います。

(4) J＝裁判官　P＝検察官　B＝弁護士　K＝警察官　A＝被疑者・被告人

Jは英語のジャッジ（Judge）のJで裁判官。Pは検察官で英語のプロセキューター（Prosecutor）の頭文字のP。Bは、どういうわけかローマ字のベンゴシ（Bengoshi）の頭文字のB、英語で弁護士はアトーニー（Attorney）などになりますが、それだとAで被告人・被疑者と同じになるからだと思われます。警察官のKもローマ字のケイサツ（Keisatsu）の頭文字のK。Aが被疑者・被告人というのは、もしかしたら英語のアキューズド（Accused）が由来かもしれませんけど、よく分かりません。

ちなみに、イギリスでは弁護士を法廷外の法律事務を扱う事務弁護士（ソリシター（Solicitor））と法廷で活動する法廷弁護士（バリスター（Barrister））に分けていますが、後者のバリスターは、カフェでコーヒーを作るバリスタ（Barista：イタリア語）とは全く違います。

(5)　(オ)　フダ
裁判所が出す逮捕状などの令状のこと。実際に逮捕などの現場に令状を持って行ってこれを被疑者等に示す人を「フダ持ち」といいます。

(6)　バンショ
主に検察職員から裁判所を指す呼び方。

(7)　PW
PWといえば、最初にピンとくるのは、パスワードでしょうか。しかし、法律業界内ではちょっと違います。Pは先ほど解説したとおり検察官のこと、Wは目撃者を意味する英語のウィットネス（Witnes）の頭文字、つまり検察官請求の証人のことです。これが弁護人請求の証人の場合は、同じ要領でBWとなります。

(8)　AQ
Aもさきほど解説した被告人や被疑者。それでQは英語のクエスチョン（Question）の頭文字で、被告人質問ということです。刑事の裁判で証拠調べが概《おおむ》ね終わった最後の方で、被告人から話を聞く手続です。

3 日本語だとビミョー

さて、教科書に載ってない業界法律用語とは、また別の話になりますが、この世の中、どの業界もカタカナ用語が多いようでして、法律業界も例外ではありません。次は、カタカナ法律用語について…。

某外国の会社の製品に、プワゾ〇という高級な香水があります。これ、日本語だと「毒」という意味で、もしも、この香水の瓶に「毒」ってラベルが貼ってあるとしたら、ほとんどの日本人がひくと思います。

どーして「プワゾ〇」だと商品名になって売れるのに、日本語で「毒」だとダメなんですかねー答えは簡単です。カタカナの方がカッコイイからです。

欧米人からしてもインパクトの強い商品名だとは思いますが、日本人にとっては語感に「毒」というイメージが弱く、むしろ欧米コンプレックスからくる魅力みたいなものがあるのかもしれません。

私たち日本人の多くが持つ欧米人に対するコンプレックス…このことで、ちょっと思い出したことがあります。実は、私が2か月ほどシンガポール、マレーシア、フィリピンなど東南アジア各国に海外出張させて頂いたときのことです。

我々日本人が多かれ少なかれ欧米人に対してコンプレックスを抱くように、東南アジアの人達が日本人にコンプレックスを抱いているように感じたのです。その最たるものが、若い世代のJポップを日本語で歌うのがカッコイイという感覚でした。歌詞が現地の言葉に翻訳されているものも多いのですが、カラオケ店などで、人気のあるJポップを日本語で歌える人がいると盛り上がりが違いました。すくなくともそのとき、その場にいた彼らは実際に「日本語で歌える方がカッコイイ」と口々に答えてくれていました。これって、きっと、ちょうど日本人が欧米の歌を原語の歌詞で歌ってカッコイイと感じる感覚と同じなんじゃないでしょうか。

4　カタカナ法律用語

最近では「うちの会社、コンプライアンスに厳しいからさー」とか「コーポレート・ガバナンス」とか「リーガルマインドを身につけよう」などなど日常生活でもカタカナ法律用語はよく耳にするようになりました。
「コンプライアンス」というのは「法令遵守」、「コーポレート・ガバナンス」というのは「企業統治」、「リーガルマインド」というのは、「法律的なものの考え方」を指します。しかし、ここは日本なんだから、いちいち中途半端なカタカナにしてもらいたくないって思っている方も少なくないのではないかと思います。

確かに、そのとおりです。ではなぜ、法令遵守と日本語で言えばいいのに、わざわざコンプライアンスというのでしょうか?

それは、やっぱり、それが今のトレンドでかっこいいからです。トレンドだって時代の流れとか潮流って言えばいいんですけど、やっぱり今時の感じでこっちの方がかっこいいですよね。ただ、実は、法令遵守とコンプライアンスでは微妙に意味が違うところもないではないようです。

法令遵守というと、ただ法令を守らなければいけないということですが、見方を変えると法令さえ守っていればよいという意味にもなります。ところが、コンプライアンスというのは単に法令を守るというだけでなく、その背後にある社会倫理とか正義とか公平とかそういったことについても高い意識をもって行動するというニュアンスが含まれているとの考え方もあります。この考え方によれば、全てひっくるめて表す言葉で日本語に適当なものがないので、コンプライアンスをそのまま使うということになるわけです。

5　カタカナ法律用語を日本語にムリに直すと変な言葉になることも…

今、お話したコンプライアンスの例のように、完全に100%日本語に置き換えようとすると、適当な言葉が見つからなかったりすることもあり、無理に訳すと新しい言葉を作らなければならず、かえって日本語の方が分かり難いということもあります。

例えば、法学部生で刑法を勉強し始めると気づくと思いますが、犯罪の違法性の考え方で、行為無価値とか結果無価値という日本語が出てきます。これは日本語だとよく分かりませんが、要するに、その犯罪行為が違法だという場合に、行為自体を重視して違法というのか、犯罪により発生した結果を重視して違法というのかの違いを示しています。拳銃で人を殺そうとして弾が全く外れて相手の人が無傷でも、殺人未遂罪ということで処罰されます。これは、人の死亡という犯罪の結果が発生していなくても処罰される典型的な例ですが、そうすると、このときの犯罪の違法性は、人の死亡という結果とは無関係で、人を殺そうとした行為が違法だとされて処罰されるということになっていることが分かります。こうした考え方を説明するために行為無価値とか結果無価値という言葉を使うわけです。しかし、通常の日本語にはない言葉でいかにも不自然であるだけでなく、決して難しい漢字を使っていないのに常識的には意味不明です。これは、ドイツの刑法理論を直輸入してドイツ語をそのまま翻訳したからこのような言葉になったようです。これだって日本語にない言葉であればカタカナでもよかったわけですね。ところが、これらを全部カタカナにすると、それはそれでまた分かり難い。先人の偉大な法律学者の先生方は、決して翻訳が下手だったということではなく、それらの概念を正確に日本語に訳していくにはどうしてもやや不自然な語感を伴わざるをえない、そのような中で大変なご労苦の末に生み出されたものではないかと拝察《はいさつ》されるところです。

結局、カタカナのままでも、日本語に翻訳しても、一長一短で、その難しい言葉のイメージを拭いがたいものも多く、そういうところが法律の勉強って難しいなという印象を与えてしまう原因の一つになっているのかも知れません。

ただ、そこは、そこで、そういうものだと割り切って付き合うと、いつかその法律用語の字面《じづら》の堅苦しさを超えて、本当の意味に出会えるようになり、法律ってとても面白いものだなと、人の英知の結晶に感動さえ感じることもあります。

サード・コンタクト

剣《つるぎ》

ドイツの法学者、ルドルフ・フォン・イェーリングは著書「権利のための闘争」で、「剣《つるぎ》なき秤《はかり》は法の無力、秤なき剣は裸の暴力」と言っています。

さて、秤は公平と平等を保つことができればよろしいですが、剣はどんなものでなければならないでしょうか。

仏教の世界では「破邪顕正《はじゃけんしょう》」という言葉があります。これは、読んで字のごとく、邪悪を打破し、正義を顕《あらわ》すという意味ですが、法の実現にとって必要な剣は、まさに「破邪顕正の剣」と言えるでしょう。

1　壊れた自販機…売買契約はいつ成立？

1　田舎の小さな駄菓子屋さん

ある田舎の小さな駄菓子屋さんでのお話です。

小学生から高校生まで、下校途中のお腹をすかせた子供達が、毎日のように来ていた小さな駄菓子屋さん、店長は、いつもニコニコ顔の80歳過ぎのお婆ちゃん。

「このガム下さい…」

「はい、1個10円だよ。いつもありがとうね」

とまぁ、こんな感じで、利益度外視。お婆ちゃんは、元気な子供達がお店に来てくれるだけで、とっても嬉しかったんです。

ある日のこと、お店の前のジュースの自動販売機の硬貨投入口が壊れてしまい、お金が入らなくなりました。

そこで、お婆ちゃんは、その投入口の脇に「**お金はいりません**」と貼り紙をしたのです。

すると、中学生の男の子から、自販機が壊れているとの苦情が…。

中学生　「お婆ちゃん、この自販機、ボタン押してもジュース出てこないけど…?」
お婆ちゃん「あぁ、だから、貼り紙してあるでしょ、『お金、入《はい》りません』ってね」
中学生　「あー、な〜んだ『お金は、要《い》りません』じゃないのか。どおりでおかしいと思った（笑）」

結局、この貼り紙が誤解を招く原因でした。漢字で書くか、少なくとも句読点を付けないとダメですね。

2　自動販売機の売買契約

さて、田舎の小さな駄菓子屋さんの前に置かれた自動販売機を相手にした買物、これも法律上は、立派な売買契約によるものです。

売買契約というのは、売主の申し込み、つまり、このジュースを1本、100円で売りますよと言って、買主が、じゃあ、それを買いますよと言う承諾があって初めて成立します。こうして一旦売買契約が成立すると、売主は、そのジュース1本を引き渡す義務を負い、買主は代金の１００円を支払う義務が発生します。これらの法律上の義務は、結構強力で、お互いに合意で契約を解除するか、どちらか一方がその義務を果たさないなどの一定の理由があることによって、法律上認められた解除権が発生しなければ、勝手にその契約をやーめたということはできない建前になっています。

これを自動販売機の売買でみてみると、店側が店の前にジュースの自動販売機を設置した時点で、ジュースの販売の申し込みがあったものと考えることができます。

では､自動販売機によるジュースの買主としての承諾は､どのように考えるべきでしょうか。一つの考え方として、硬貨投入口にお金を入れた時が、買主が承諾したときだとみるべきとするものがあります。しかし、通常、ジュースであれ他の商品であれ、自動販売機は、何種類もの商品を扱っており、お金を入れて、自分の欲しい商品の選択ボタンを押すことによって、その商品が出てくる仕組みになっています。それに、お金を入れただけの時点であれば、返却レバーを押せばお金は戻ってきます。

そう考えると、客がお金を入れたときが、ジュースの売買を承諾したときと考えるのは、ちょっと早い気がします。ですから、客がお金を自動販売機の投入口に入れた時というのは、承諾の準備みたいなものになるんでしょうね。だって、そこで承諾とみて契約成立となったら、さきほど話したように、売買契約が成立した以上、相手方の勝手な都合で簡単に契約をなかったことにすることはできない建前でしたから。もっとも、考え方の問題として、返却レバーについて、あらかじめ売主側の合意解除の意思が留保されていて、お金の投入という承諾で一旦成立した契約について、客が返却レバーを引くことで合意解除が成立した、又は商品の選択ボタンを押すことを条件とする承諾という説明ができないわけではありません。

まーでも、やっぱり商品の選択ボタンを押すことがまさに承諾であり、それによって自動販売機による売買契約が成立し、直ちに商品がでてきて、既に投入した硬貨で代金が支払われて精算されると考えるのが最も素直でしょう。

こんな、世間的にはどうでもよいことでも、法律的に考えてみると、なかなか難しかったりしますが、このように、法律的に、あーでもない、こうでもないと考えることが、法律的なものの考え方、法律の世界ではリーガルマインドなどとも呼ばれています。

3　こんな屁理屈、なんで必要なのか？

さて、これまでにも何度かお伝えしてますが、例えば、かの有名な難関試験である司法試験は、あの分厚い六法全書を全部覚えれば合格できるというものではありません。そう考えている人も少なくないようですが、実は、あんなもの全部覚えられる能力を持つ人は、人類の中では極めて希です。しかも、知識としてほぼ百パーセント覚えても、それだけでは何の役にも立ちません。

もちろん、基本的な法律の重要な条文や法的知識を覚えることは必要ですが、それは、日本語でいえば、五十音や単語を覚えるようなものに過ぎません。その覚えた五十音や単語を自由自在に理論的に駆使するというのが、まさに、法律の世界では、覚えた法的知識をリーガルマインドに基づいて実際に活用するということに当たるのです。だからこそ、法律的な考え方を少しでも身に着けたいと思う人は、さきほどお話したような、自動販売機による売買契約の成立といった世間的にはどうでも良いことを、一生懸命に法的に説明してみたりするわけです。

こんな屁理屈ばかりこねくり回していると、いかにも変人のようにも思われますが、実は、そういうことなのかと分かっていただけたらありがたいです。

2　判決がバラバラに？
…言い分で変わる結果

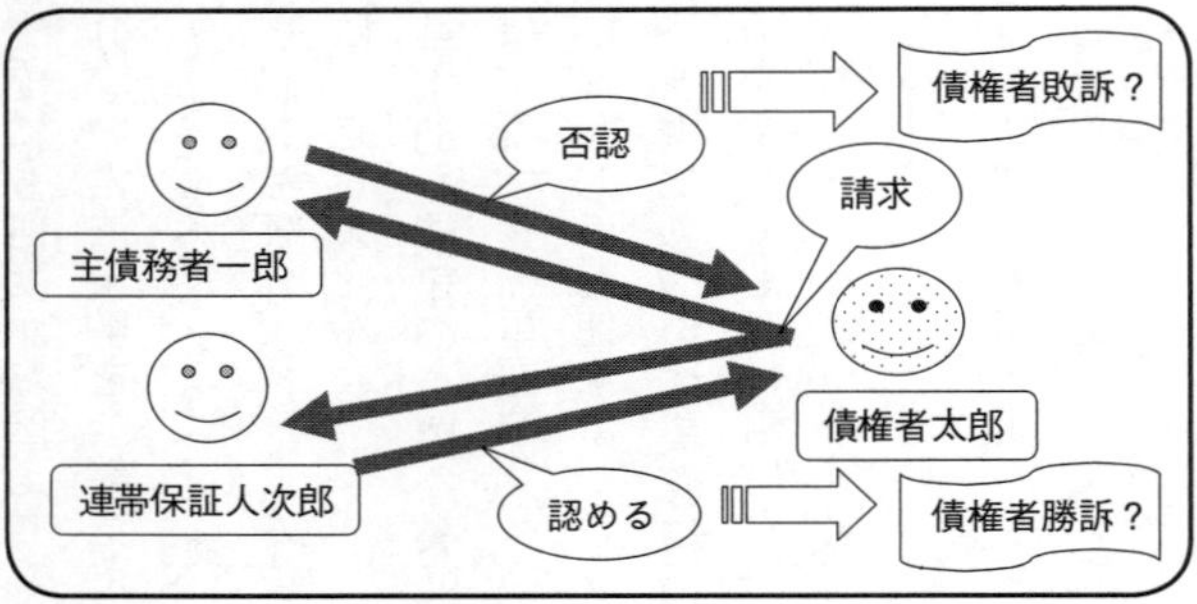

1　裁判の種類

皆さんが裁判と聞けば、まず思い浮かぶのが法廷シーンであり、最後に裁判官が判断するのが「**判決**」というイメージだと思います。ですから裁判と言えば「判決」、それはそれで間違いではありません。そして、「判決」の内容が記載されたものが判決書という裁判書《さいばんがき》です。

ただ、この裁判の種類には、「判決」の外に、実は、もう二つあります。一つは「**決定**」であり、決定書の具体例としては、刑事裁判の被告人が保釈されるときに出される保釈許可決定書などがあります。

もう一つの裁判は「**命令**」であり、裁判書としての命令書の代表的なものが令状であり、逮捕状もこれに含まれます。

同じ裁判と言っても、その判断する内容や重要度によって、裁判をするのが1人の裁判官で書類審査だけで判断できるのか、それとも法廷で証拠調べをしないといけないのか、複数の裁判官が合議でやらなければならないのか、それぞれ手続などが異なってくるわけです。

2　無責任な主債務者

さて、この裁判の中で最もメジャーな判決、これが時と場合によっては、同じ裁判の手続きの中で、バラバラの結論になることがあります。

人からお金を借りるに当たり、誰かに連帯保証人になってもらうということはよくあることです。例えば、主債務者一郎が、債権者太郎から50万円を借りるに当たり、一郎の知人の次郎を連帯保証人にしたとします。

そして約束の返済期限が来て、太郎が、一郎と次郎に50万円を返して欲しいと請求しましたが、一郎も次郎も太郎の請求を無視して50万円を払おうとしません。そこで、太郎は、裁判所に一郎と次郎に50万円を返して欲しいと訴えたとします。

第1回の裁判が開かれたとき、一郎は太郎に対して「50万円は、太郎が一郎の事業に出資してくれたもので、借りたものではない」と否認したのですが、次郎は「一郎が太郎から借り入れたときに連帯保証人になった」という事実を認めました。

裁判の結果、一郎が太郎から受けた50万円が太郎から借りたものか、出資を受けたものかどうしても判明しないという状態になってしまった場合、結局、太郎の一郎に対する訴えは認められず、太郎は敗訴してしまいます。これは、立証責任を負う原告である太郎が、被告である一郎に50万円を貸した事実を証明できなければ、原告である太郎の負けということになるというルールによるものです。

他方、連帯保証を認めた次郎に対する訴えでは、証拠調べをしなくても、太郎に連帯保証人として50万円を支払わなければならないという判決ができますので、太郎は勝訴することになります。これは、民事裁判で事実についての自白があった場合には、証拠によらなくても事実をそのまま認めないといけないというルールによるものです。

なお、次郎が、一旦は一郎が太郎から50万円を借りた事実について認めた後に、それを翻《ひるがえ》して、一郎の主張と同じように「一郎が太郎から出資を受けたものだ」と否認したとします。その場合は、次郎が一旦自白をしていることで、本来は太郎が立証責任を負う事実について、結果として自白をした次郎に立証責任が移ることになります。

設例では、本来は、立証責任を負う太郎が、一郎に50万円を貸した事実を証明しなければならず、太郎と一郎との関係では、貸付か出資かをはっきり証明できなかったので、太郎が敗訴しました。また、次郎と太郎との関係では、最初から次郎も争っていれば同じ結果（太郎が敗訴）になったのですが、次郎が貸付について自白した後に翻《ひるがえ》して否認すると、その自白が真実でないことについて結果として次郎が立証しなければならなくなります。そうすると、次郎と太郎の関係では、貸付と出資のいずれが正しいか分からないとなれば、今度は、貸付が真実でないことを立証しなければ前の自白が撤回できず、次郎は負けて、支払わなければならないという判決が出て、太郎は勝訴することになります。

このように同じ事情のもとで同じような責任を負わなければならない当事者の間でも、訴訟での主張の仕方が違うと判決の結果がバラバラになることがあります。

設例では、真実は、一郎が太郎からお金を借りていたのだとすれば、連帯保証人の次郎だけが支払いの責任を負うことになり、無責任な一郎は責任を免れることになるのですから、常識的に考えても納得いかない結果になってしまいます。

3　なぜ、同じ事情なのに判決がバラバラになることが許されるのか？

上の設例は、同じ事情でも判決がバラバラになってしまい、とても納得がいかないものになってしまいますが、でも、もう少し考えてみましょう。

例えば、こんなこともあります。一郎と次郎が一緒に太郎から１００万円を借りたとします。このときの約束では、一郎も次郎も太郎に対して同じように１００万円の返済義務の連帯責任があるというものでした。貸したお金の返還の請求は、返済期限から10年で時効により消滅します。そして、10年以上たった後、太郎が一郎と次郎にお金を返してくださいと請求しました。しかし、最初は一郎も次郎も太郎にお金を返そうとしませんでした。

それで太郎が、一郎と次郎を訴えて裁判にしました。

そうしたところ、次郎のほうは、時効消滅したとはいえ太郎には悪いことをしたとして、素直に認めて支払いをしようと考え、時効は主張せずに自白して裁判に負けたとします。

しかし、一郎のほうは、相変わらず払いたくないので、裁判で時効を主張し、結局、その裁判に勝ちました。

このように、次郎が積極的に時効を主張することもやめて潔く払うということになると、やはり結論は異なるわけです。

この場合は、先ほどの連帯保証の設例と違い、本人（次郎）がこれで良いと言っている場合だから少し違う感じもしますが、実は同じ考え方からとらえることができるのです。それは、民事の事件では、民法の「私的自治《してきじち》の原則《げんそく》」という大原則が民事裁判にも大きく影響しているということです。

この原則は、簡単にいうと、民事関係の権利や義務については、個人の自主的で自由な決定に任せ、自分のやったことについては自分で利益も受け、責任もとってもらいますというルールです。このルールから考えれば、先ほどの連帯保証の裁判についても、自分の意思で連帯保証人になり、裁判では自分の主張の仕方によって、自分の責任で結果が決まっていくわけですし、時効の主張をするかどうかも、その人の考えによって責任を負うかどうかが決まっていくわけですね。

　このように民事事件は、この私的自治の原則という大きなルールが大原則となっているので、これが一件不合理に見えるようなバラバラな判決結果の一つの要因にもなっているわけです。

3 補凶証拠に足をすくわれる自薄調書…自白に必要なのは補強証拠

1 自白調書ならぬ自薄調書

ある夏の熱帯夜のことです。某所で普通乗用自動車が中央分離帯に乗り上げて逆さまにひっくりかえり、車底部から白煙を出して止まっていたという交通自損事故が発生しました。その発生直後、その場を別の車で通りかかった目撃者の通報を受け、警察は直ちに現場に臨場。目撃者によれば、車が自損事故を起こした瞬間は見ていないというのですが、完全にひっくりかえった車の運転席に、口ひげを生やした東南アジア系の外国人のやせた男がいて、後部座席に40歳代の日本人の女性がいたというので、その目撃状況を警察官が聞き取り目撃者の調書を作成したのです。

運転席にいたシンガポール国籍のライアー・グレートは、無免許でオーバーステイ（不法滞在）であり、そのいずれの事実もすぐに認めたので、警察で自白調書が作成されました。そして、その事件が送検されて、ライアーは警察で作られた自白調書とほぼ同じ内容で自白していたので、担当検事であった私は、その事実関係を確認し、ライアーの自白調書を作ったのです。その調書は実に簡単で薄っぺらなものでした。自白というのは、取調べが厳しくてつらくなったり、誰かをかばって自分が責任をとろうとしたりするなどして嘘をつくという危険がいつもつきまとっています。ですから、自白だけでは犯人を有罪にすることができないという刑事裁判のルールがあります。そこで、自白の証明する力を補うという意味で補強証拠というものが必要になります。この事故では、目撃者が「運転席に外国人男性がいた」と証言した警察の調書がありましたので、一応、補強証拠はあったということになります。しかし、目撃者が嘘をついていたわけではありませんが、この目撃者の調書は、**自白を補強した補強証拠ではなく、むしろ、検事の目を曇らせる「補凶証拠」**だったのです。こうして、私は、その目を曇らせたまま、ライアーを無免許運転とオーバーステイの罪で起訴したのでした。

そして、いよいよ迎えた第1回公判、被告人となったライアーは、裁判官に起訴された事実を尋ねられると「車を運転していたのは私ではない!」と、自白調書とはまるで反対の事実を主張して正面から争ってきました。

なぜか…?その理由は真に分かりやすいものでした。

実は、その自損事故を起こした車を運転していたのは、後部座席にいた日本人女性だったのです。ライアーによると、彼女はスナックを経営しているお店のママで、ライアーはママに雇われていた厨房のコックでした。ライアーはいつもママの運転する車に乗ってアパートに帰っていたのですが、ママは客相手に飲酒していたので常習的に飲酒運転をしていたというのです。今回の自損事故を起こしたときもママは飲酒運転をしていたのですが、ママが自分の飲酒運転が警察にバレると困るのでライアーにお願いして彼が運転していたことにして欲しいと言ってきました。その際、ママはライアーに対し「あなたは、どうせオーバーステイなんだから、無免許運転と一緒になって私の代わりに警察に捕まって。あなたが警察に捕まった後でも、お金は差し入れるし、あなたの国に帰るための費用も私が持つから心配しないで」などと頼んできたのです。結局、ライアーがこれを承知し、ひっくりかえった車の中でママが運転席から後部座席に、ライアーが後部座席から運転席にそれぞれ移動して警察が来るのを待っていたところ目撃者が通りかかったというのでした。それでライアーもママも丸く収まるはずだったのです。

ところが、ママは、ライアーが捕まった後、その約束を反故《ほご》にして、お金の差し入れも何も全くしなかったので、ライアーは第1回公判を待たず留置場にいるころから「話が違う！」と怒りだし、裁判では自分は車を運転してないと本当のことを言い始めたのです。

こうなってくると、捜査段階で事実を認めた自白調書と公判でライアーが供述した事実とどちらが信用できて正しいかということになってくるわけですが、このときの自白調書は、冒頭でも述べましたがホントに薄っぺらなものでした。無免許運転をした事実は認めているものの、どこをどう運転してきたのか、どうやって車がひっくりかえったのか、無免許なのに、どうして車の運転の仕方を知っていたのかなど全く自白調書に出てこないのです。これでは、自白の内容が全く薄っぺらで、自白調書ならぬ**自薄**調書というほかありません。これだけ薄っぺらでは本当に信用できるのか全くもって怪しくなってくる一方で、公判でのライアーの供述は、ものすごく説得力があるわかりやすい理由で自白したように思われるわけです。その後、ママは、自分が車を運転していたことを認めて無免許運転と犯人隠避教唆《はんにんいんぴきょうさ》という罪で起訴され有罪となりました。犯人隠避教唆というのは少し難しい言い方ですが、要するに、真犯人である自分をかくまってもらうようにお願いした罪ということです。ライアーの方は、無免許運転は無罪になりましたが、不法滞在と犯人《はんにん》隠避《いんぴ》、つまり、無免許運転の真犯人であるママをかくまった罪で有罪となりました。

この交通自損事故の例で、自白がいかに信用できないかがますますもってよくお分かりいただけたのではないでしょうか。自白調書が信用できるものであるためには、犯した犯罪の事実を認めるだけでなく、どうしてそのようなことをしたのか、どうやってそのような結果が発生したのか、そのときどんなことが起きたのかなどなど、本当に犯人しか分からないような事実で、他の証拠ともしっかり合っている供述を得て、それを調書にしておく必要があるのです。それをきちんとやらないでいると中身の薄い説得力のない調書…自白調書ではなく、自薄調書となり、役に立たない調書になってしまいます。

2　補強証拠は見誤ると補凶証拠になる。

上記の事例では、目撃者の調書があったことで検事としての目を曇らせましたが、実は、この事故にはいくつもの証拠の見誤りがあったのです。例えば、ライアーが運転したとされていた車はママ名義のものでした。普通は、自分の車は自分で運転するはずで、他人に車を運転させていたのであれば、それなりの理由があるはずですが、そこについて全く調べられていませんでした。それから、ライアーがママに雇われていたという事実もあまり重視されていませんでした。しかし、よく考えれば、雇い主の方が雇われている人よりも立場が強いわけですから、そういう人間関係があることを前提にママをもっと疑わなければならなかったわけです。

それにもかかわらず、目撃証言という補強証拠があることで安心して目を曇らせ、他の証拠をよく検討せずにいたことがとても問題だったということになります。結局、補強証拠と思われた証拠が間違った判断を導きだした**補凶**証拠になり、その補凶証拠に足をすくわれたのが中身が薄くて信用できない自薄調書だったわけです。

4　気を回し過ぎた証人
…悪意のないウソも，ウソはウソ

1　自白から否認へ…

私が検事として立ち会った、覚せい剤を自分で使ったという事件の裁判でのことです。

被告人は、捜査段階では、比較的素直に自白していたのですが、裁判になって、自分の罪を認めるかどうか裁判官が尋ねる罪状認否《ざいじょうにんぴ》という手続で「覚せい剤は、私が自分で注射したものでもないし、自分の意思で使ったものではありません、私の先輩と酒を飲みにいったとき、先輩が私の酒の中に覚せい剤を入れたのです。飲酒後、どうも目が冴えて眠れないと思い、先輩に聞いたら私の飲んだ酒に覚せい剤を入れたと言ってました。取り調べた刑事さんに、そのことを話したら、最初のうちは、私に、『お前の話はよく分かった、だけど、その話をしたら、お前の先輩が困るだろう』と優しく諭《さと》してくれていたのです。でも、私が先輩の話を続けていると、その刑事さんは、いきなり私の胸倉をつかんで、『そんなトボけた話が通用すると思ってんのか！警察がお前の知り合いを揺さぶれば、お前、どうなるかわからねーぞ！それでもいいのか！』と怒鳴って、私の頭を平手でピシャリと1発叩いてきたのです。それで、私は、警察は怖いところだ、言うことを聞かないと何をされるか分からないと思い、自分で覚せい剤を注射して使用しましたと供述したのです」と弁解し、覚せい剤の自己使用について全面的に否認に転じました。

2 警察官証人尋問の準備（証人テスト）

そして、捜査段階の被告人の取調べ方法が問題になったので、取調べをした警察官を証人尋問することになりました。

検事が証人尋問をするときは、その前に必ず、証人テストというのをします。その証人が、検事の立証しようとしている事実をきちんと見聞きしているか、それをきちんと証言できるかを確認するための法廷での証人尋問の前の事前準備です。

私が、証人テストに際して、取調担当官から、取調べ時の事実確認をしたところ、確かに、被告人から、先輩が酒の中に覚せい剤を入れたとの弁解が出ていたけれども、飲酒場所が二転、三転したこと、先輩の名前や飲酒状況があいまいであったことなどから虚偽の弁解が疑われた上、被疑者の自宅から使用済みの注射器が押収されたこと、注射器は、被疑者の部屋のベッドの下に意図的に隠匿していたと思われる状態で新聞紙の紙片で包んでおいてあったこと、被疑者は右利きだが被疑者の左腕には明らかに真新しい注射痕があったこと、その注射痕については、医師の治療を受けた旨弁解していたが、その際の病名や治療について何ら具体的に説明ができなかったことなどから、被疑者が注射により覚せい剤を使用したことが強く推認されたため、条理《じょうり》を尽くして被告人に真実を話すように説得したのであり、被告人がいう暴行や脅迫もなく、終始穏やかな中で取調べが行われたことがわかりました。

そして、十分な証人テストをして、その警察官の証人尋問期日に臨みました。

3　証人尋問本番…

私は、そもそもそんなに難しい証人尋問ではないと思っていましたし、実際にも検事としての主尋問《しゅじんもん》（証明する責任のある方が先にやる質問）を終え、ほぼ問題なく証言してもらえたな、裁判官の心証も悪くないようだ…などと思いながら、少しホッとして着席したのです。

そして、弁護人の反対尋問《はんたいじんもん》（証人の証言が正しいかどうか調べるための質問）となったのですが、その際、弁護人が、その警察官証人に対し、

「あなたは、この法廷で証言する前に、証言の準備のために検事と会っていませんか」

と質問してきました。

そのとき、私は、当然、その警察官証人はＹＥＳと答えると思っていたのですが…、なんと、驚いたことに、警察官証人は、

「いいえ、会っていません」

と答えるではありませんか！

そのとき、弁護人は「あー、会ってない、はい、わかりました。次の質問に移ります」とスルーしたので、特に何の追及もなく終わりましたが、このときの警察官証人の証言は、事と次第によっては、致命的なものとなっていたかもしれません。

証人は、事実として体験し記憶したことを、そのとおりに証言しなければなりません。

記憶と異なることを証言すれば、それは偽証です。その他の証言で成功していたとしても、証人は、このようなことで偽証するものであり、全体としての信用性についても問題があるなどと主張されると、蟻《あり》の一穴《いっけつ》で、証人の証言の信用性が一挙に瓦解《がかい》しかねません。

弁護人の反対尋問が、それほどの有効打もなく終わったところで、検事の立場として、検事との打ち合わせをしていないとの証言をそのまま放置しておくわけにもいきませんでした。そこで、私は、その警察官証人に対し、さきほどの弁護人からの質問で検事と証言のための準備をしていないと答えたのは誤解で、検事とは打ち合わせはしたとの真実の証言をしてもらいました。その後も弁護人からは、特に、さらなる反対尋問などはありませんでした。

後でその警察官証人に、検事と会っていないと証言したことについて、理由を尋ねたところ、弁護士に検事と口裏を合わせていると勘ぐられたくなかったからと答えていました。

私は、その警察官証人に「証人テストの法令上の根拠など、きちんとお伝えせずに不安な思いのまま法廷に立たせてしまい、すみませんでした。しかし、少し気を回し過ぎましたね」と伝えました。

今回の証人もそうでしたが、警察官によっては、証人尋問前に検事と会って証言に関する事実確認等をすること自体の法令上の根拠や実務上の要請についてよく承知しておらず（そのようなことがあるとすれば、検事の説明不足、警察官の勉強不足の両方が原因です。）、裁判所や弁護人などから見て口裏を合わせていると痛くもない腹を探られるのではないかと不安を感じることがあるようです。

しかし、そんなことは全くないどころか、むしろやるべきことなので、事前に検事と会って事実確認等をしたことなどについては自信をもって正々堂々と証言すればよかったわけです。

4　明日は、わが身…

実は、私自身も、証人として裁判所に呼ばれたことが二度ほどありました。

いずれも、私が検事として取り調べた被疑者の取調べ方法に問題があったかを争われた事件での証人尋問でした。

証人というのは、実際にその立場になってみるとわかりますが、実に緊張するものです。

小さな証言台の前に座り、法廷の中では、一段高い法壇から裁判官がいかにも睥睨《へいげい》しているかのようにみえるし、両脇は検察官と弁護人に挟まれ、おまけに、背後にはどんな表情で証人である自分を見ているか分からない傍聴人が大勢いるものですから、まるで自分が被告人として断罪《だんざい》されるかのような錯覚ともいえる緊張感さえ感じたことをよく覚えています。

普段から、検察官席に立ち、法廷慣れしていた私でさえ、そのような特別な雰囲気に緊張感を覚えたのですから、そうでない人達にとっては、相当の重圧があるのではないかと思います。

さきほど出てきた警察官証人も、決して悪意はなかったのでしょうが、こんな重圧の中で、思わず事実と異なることを口走ってしまったのかもしれません。

そして、また、今、この記事を読んでいるあなた、自分は関係ないと思ってませんか…?あなたにとっても、実は、他人事ではないかも知れませんよ…。だって、明日、傷害

事件の被害者になり、交通事故の目撃者になるかも知れないのですから…。

5　アクチュアリー
…高度な数学でリスクを予測

1　アクの新興宗教…？

某市内の老人会の集まりでのことです…。

「ヤエさん、なんか、うかない顔してどうしたの？」

「あー、キクさん…、なんかねー、うちの孫が変なこと言ってきたの…。この間、孫の太郎から電話があってね、アク…、アク、ナントカになったっていうの…、人がいつ死ぬか計算するとか…なんか、昔、地下鉄に毒まいたみたいな変な宗教団体に入ったんじゃないかって、心配してるのよ…」

「ヤエさん、それ、早く警察に相談した方がいいわ！」

2　はたして、その実態は…？

さて、ヤエさんとキクさん、老人会で何か凄い話になってましたが…、実は、これ、ヤエさんのとんでもない勘違い…。

実は、太郎君がヤエさんに伝えていたのは、アクチュアリー、保険数理の専門家のことです。

保険数理って…？例えば、人々が保険料を出し合って、いざ病気になったとか、死亡したというときに、その人やその家族を助けるために保険金を支払ってあげる生命保険という仕組みがありますよね。その仕組みを支える保険料を適当に決めていたのでは、その仕組み自体が維持できなくなってしまうことがあります。そりゃそうですよね。入ってくる保険料よりも支払う保険金の方が高くなったらすぐに破綻しちゃいます。そうならないように、生命保険に入っている人達の病気になったり死亡したりする危険性を計算して合理的な保険料を徴収できるようにしていかないといけないいんですね。そうした危険性などを数学的にきちんと計算することが、保険数理といわれているもので、その専門家がアクチュアリーなんです。

アクチュアリーは、発祥の地はイギリスとされており、最初は主に生命保険分野で活躍していたようですが、現在では、生命保険、損害保険、年金を伝統的な三分野とし、保険数理、年金数理に基づく保険料の算出、責任準備金と言われる契約債務の評価などの計算業務を中心にして発展し、近年は、確率論の大幅な進歩と金融工学の著しい発展によってリスク測定の概念が拡大し、金融経済のあらゆる数理を幅広く扱うようになってきています。

私が、このアクチュアリーの人達と初めて出会ったのは、大蔵省銀行局保険部保険第一課の生命保険数理係というところに配属になったときのことでしたが、とにかく皆さん、とても優秀で、しかも人柄もよい上に、酒も強い。こちらがヘベレケになっていても「もう1軒行きましょう、あともう1軒…」とまぁ…。日中、彼らの難しい話を聞いてもわからない私は、日没後さらに正体不明に…。

3　アクチュアリーになるには…、そして、これからのアクチュアリーと法律家

アクチュアリーは、資格試験としては非常に難しいです。まず1次試験で、基礎科目の「数学」、「生保数理」、「損保数理」、「年金数理」、「会計・経済・投資理論」の5科目、1科目でも合格すれば、日本アクチュアリー会の研究会員に、全て合格してやっと準会員です。その後、専門科目として、生保コース、損保コース、年金コースのいずれかを選択

し、それぞれのコースにある2科目に合格し、初めて正会員となることができます。この試験、国家試験ではなく、いわゆる民間試験ですが、その難易度は、司法試験や公認会計士試験に並ぶ非常に難しいものであり、いわゆるプラチナ資格といえます。

また、さきほどお話ししたように、アクチュアリーの守備範囲は、伝統的な分野に留まらず、いまや金融経済全体に及びうるといっても過言ではなく、その社会的な役割は、非常に重要であると言えます。

こうした資格試験として難易度や社会的な重要性の割には、日本におけるアクチュアリーの認知度は、欧米のそれに比べ必ずしも高いとは言えません。それはなぜでしょうか。私の個人的な考えでは、日本では、まだまだ伝統的分野で保険会社など組織の中で活躍するアクチュアリーが大半を占めているからではないかと思います。

しかし、重ねて何度も言いますが、今や、世界的には、アクチュアリーはさまざまな金融や経済の分野で活躍しています。

そのうち、日本においても、独立して、企業の財務やリスク管理、退職金や企業年金制度のコンサルティングなどで活躍するアクチュアリーが増えていくはずです。そうなってくると、日本におけるアクチュアリーの認知度もあがってくることでしょう。そして、それに伴い、企業法務や年金制度についての法的側面からのアプローチとして、法律家たる弁護士などとの連携も盛んになっていくに違いありません。現に、大手のローファームから、差別化を図ろうとする弁護士がアクチュアリー受験のための講座を受講に来ていると も仄聞《そくぶん》していますので、弁護士からみたアクチュアリー業務の重要性も相当なものになってきているようです。

ヤエさん、孫の太郎君の未来は、とっても明るいですよ…。

6　多数決で決まる刑罰

1　多数決で決まる刑罰…？

民主主義…平たく言えば、民（タミ）が主（アルジ）であるという考えですが、法律的にいかにも難しそうにいうと「治者と被治者の自同性を基本とする統治形態」ということになります。

つまり、治める者と治められる者が同じだということです。

そして、民主主義と言えば、選挙、選挙といえば多数決。多数決で決まったことは何でも正しいように考えがちですが、果たしてそうでしょうか。ちょっと考えてみましょう。

ある村がありました。その村は何の争いもなく平和で、みんな真面目に働き、豊かに暮らしていました。それというのも、その村には30人の村民がいて、何を決めるのにも多数決で決め、みんながその方法に納得して生活していたからです。ある日、事件が起きました。その平和な村によそ者が入ってきたのです。そのよそ者は旅人で、行き着いたその村で生活したいと望んでいました。村人達は、その旅人を受け入れることにしました。

しかし、その旅人は、村の習慣に馴染めず、いつしか村人に嫌われるようになりました。やがて村人達の間に芽生えた旅人への嫌悪の感情は膨れ上がり、ついに村人達は、その旅人をどうすべきか多数決で決めることになったのです。そして悲劇は起きました。村人30人は、全員一致で、その旅人を牢屋《ろうや》に閉じ込めることにしました。

さて、この旅人を牢屋に閉じ込めるという結論は、村人全員の一致によるものですが、民主主義の結論といえるでしょうか。民主主義＝多数決という図式であるとすると、この場合、直ちに民主的でないということはできない、つまり、決め方は民主的であるとして、これで旅人を牢屋にいれるという刑罰は正当化されるのでしょうか。なんだかよく分からないけど、なんとなく気に入らないから賛成多数で刑罰を科する…このように民主主義を単純な多数決で結びつけると、少数者の権利を無視する多数派による悪政につながっていくおそれがあるのです。

2　神様も王様も信じられない、でもバラバラでも多数決でもダメ？

社会は複数の人達で成り立っていますが、いろいろな考えを持った人の集まりですから、当然、さまざまな考え方の相違や利益の衝突があるはずです。それを調整し一つの価値観のもとに社会をまとめていくという考え方が絶対主義です。絶対主義というのは、必ず一つの正しい考え方がある、一つの正しい価値が存在するという考え方です。その絶対的価値を持つ存在は、時には神格を持った天皇であったり、専制政治を行った国王であったり、恐怖政治を行った独裁者であったりしました。しかし、いずれの存在も絶対的に正しいものではありませんでした。この絶対主義と対極の考え方が相対主義です。この相対主義というのは、所詮《しょせん》、人間には絶対的なものなんて分かりっこない、人間なんてそんなに賢いわけがない、みんな感じていることは違うし、今、目の前に広がる空の色だって本当はそれぞれ違う色をしているんだ、世界は人の数だけあるとなり、結局、だからみんなバラバラで生きていけばいいんだ、統治なんかできないしする気もない、みんな適当に生きてりゃそれなりにうまくいくんだという考えにもつながっていきかねませんが、それはそれでうまくいかないわけですね。絶対的な価値を信じてもダメ、それを放棄してバラバラに生きてもダメ、それじゃ一体どうすればいいのか…。絶対的に正しいことなど所詮人間には分からない、でもだからといって何も決めずにいては社会はまとまらない、だったら、どうするか…。

3　多数決民主主義から立憲民主主義へ…

少なくとも多くの人が賛成することなら、その多くの人が納得できるし、それで社会もまとまるからいいじゃないかという発想が、冒頭で述べました30人の村の多数決の民主主義ですね。

結局、多数決の民主主義は、多数者が常に正義であり、少数者は社会の邪魔者、多数の賛成が得られれば、何の罪もない人を刑罰に処することも正義であり民主的だということになってしまうのです。

これはこれで少数者の権利が守られず問題です。そこで、いかに多数決だろうと、これだけは絶対に譲れない、多数者の考えを排除しても守っていかなければならないものがあるはずだとの考えに至るわけですが、そこででてくるのが、個人の尊厳です。個人の尊厳とは、一人ひとりの存在とその命が最も尊いものであるということです。そしてその個人の尊厳を至高の価値と認め、これを絶対に守っていこうという揺るぎない意思を示したもの、これが憲法です。憲法は、この個人の尊厳を支えるために、国民主権、平和主義を掲げ、各種基本的人権を規定し、三権分立などの統治のあり方を定めています。そして憲法は、民主主義において多数決原理を採りながらも、多数決によっても害することができない至高の価値である個人の尊厳を守る、見方をかえれば、憲法が多数決の暴走を抑え少数者の権利を守っているということもできます。それは憲法による統治、つまり立憲主義によって実現されているものであり、その立憲主義において行われる民主主義こそ、立憲民主主義であり、現代の文明社会における真の民主主義であるということができます。

7　無罪？無実？…似てるけど同じじゃない？

1　大型バイクと自転車が衝突！

某市内の十字路交差点で、大型バイクと自転車の出会頭の事故発生！大型バイクが一時停止を無視して直進したところ、左の歩道から直進してきた自転車と衝突したという事故でした。バイクを運転していた男性にはかすり傷程度の怪我しかなかったのですが、自転車を運転していた女性は、転倒した際に、路面に頭を強く打ちつけ頭部打撲の傷害を負いました。

この事故では、事故現場の対面で営業していたガソリンスタンドの従業員が事故の一部始終を目撃していたことから、警察は、その従業員の調書を作ったり、事故現場に立ち会ってもらって現場検証をして実況見分調書も作ってありました。実況見分調書というのは、警察の現場検証の結果を記載した書面のことです。それらの書面の中には、目撃者の従業員が、バイクが一時停止することなく交差点を直進したとはっきり見たとの記載がありました。

ところが、警察が、バイクの男性を取り調べてみると、自分のバイクが一時停止していたところ、自転車がすごいスピードでバイクにぶつかってきて勝手に怪我をしたというのです。自転車を運転していた女性は事故で頭を怪我した影響もあり、事故時のことはほとんど覚えていません。

目撃者は、バイクの男性や自転車の女性と会うのは今回の事故で初めて、つまり、どちらにも恨みもなければ、味方をする理由もありません。そうなってくると、目撃者が事故を見たまま語ってくれるのが、もっとも真実に近いということになります。そこで、バイクの男性は、自分の過失を認めない交通事故の被疑者として検察庁に書類送検されました。

そして、バイクの男性は、検察庁でも取調べを受けましたが、バイクの男性が一時停止を無視して今回の交通事故を起こしたという嫌疑は濃厚と判断され、結局、起訴されて裁判を受けることとなりました。

2 目撃者の証人尋問

さて、いよいよ裁判が始まり、目撃者の証人尋問となりました。目撃者は、検察官の主尋問に対しては、比較的スムーズに答え、バイクが交差点手前で一時停止を無視して直進したことが原因で自転車と衝突したとほぼ検察官の主張どおりの証言をしたのでした。しかし、問題はここからです。弁護人の反対尋問が始まると、ほどなくその風向きが変わり始めました。

弁護人「あなたは、事故が起きる前から起きた後まで、ずっと事故の状況を見ていたということで間違いないですか」
目撃者「はい、間違いありません」
弁護人「そうすると、被告人がバイクに乗っていたときどんなものを着ていたかも覚えていますか?」
目撃者「はい、黒っぽい革のツナギみたいなライダースーツでした」
弁護人「黒で間違いないですか?」
目撃者「はい、間違いありません」
弁護人「ここで、証人に、事故当時、被告人の着衣を写している写真を示します。この写真に写っている人は誰ですか?」
目撃者「被告人です…」

弁護人「この人が着ている上下ツナギの服、何色に見えますか?」
目撃者「あっ…赤…です」
弁護人「あなたは、被告人が事故当時着ていた服の色は黒だとはっきりいいましたよね…」
目撃者「もう一年以上前のことなんで、よく覚えていません…」
弁護人「次の質問に移ります。あなたは、検事さんの取調べの際、被害者の自転車の速度について、どのくらいだったと答えていたか覚えていますか?」
目撃者「たしか、時速11キロメートルくらいだったと…」
弁護人「なぜ、時速11キロメートルくらいだと答えたんですか」
目撃者「そのくらいの速度だったかなと思ったんです…」
弁護人「いや、私が聞きたいのは、なんで1キロ単位なのかってことですよ。人間の見た目で、大体の速度感覚として時速10キロだったとか20キロだったというならわかりますよ。なんで時速11キロなんて1キロ単位の数字が、目撃しただけででてきたんですか?」
目撃者「……」

弁護人「しかも、なんで、被告人のライダースーツの色は忘れても、そんな細かい速度は覚えているんですか？」
目撃者「……」
弁護人「あなた、さっきから、何も答えられず、もう3分もうつむいていますが、どうしましたか」
目撃者「もう、事故で見たことは忘れました。覚えてません…」
検察官「裁判官！証人は弁護人の畳み掛けるような質問に動揺しています。しばらく休廷してください！」
裁判官「暫時《ざんじ》休廷します」
~10分後、証人尋問、再開
検察官「大丈夫ですか」
目撃者「大丈夫です」
検察官「もう一度、事故のことを尋ねます」
目撃者「たった今の休憩の時に、検事さんから落ち着いて証言すれば大丈夫と言われ、私もそう思ったのですが、やっぱり証言台の前に立つともう自信がありません。

忘れました。事故のことは全て忘れました。もう何も話したくない…」
検察官「落ち着いて下さい…」
目撃者「もう、いい加減にしてくれ！」
その後、検察官や裁判官が、目撃者に証言を続行して欲しいと説得しましたが、最後まで目撃者は「もう忘れた、覚えていない」の一点張りに終始し、仕方なく目撃者の証人尋問は終了せざるを得ませんでした。

3　検察官の次の一手は？

さて、弁護人の反対尋問によって、目撃者の証言は見事に打ち砕かれました。目撃者は、事故を目撃したときのことについて「もう、覚えていない」というのですから、事故時の状況を証明する証言としては全く役に立たないことになってしまったわけです。

そうすると、検察官としては、目撃者の証言がダメだったときに備えて、目撃者が検察官の前で供述した内容を書面にした供述調書を証拠として出すことが考えられます。目撃者は、もう事故から1年以上経ったので覚えていないということを言っていました。そうだとすれば、事故からほどなく供述された調書であれば、目撃者の記憶の新鮮なうちになされた供述でしょうから、信用できるはずです。そこで、検察官は、目撃者の供述調書を証拠として提出したのです。

しかし、その供述調書には、弁護人の目撃者に対する反対尋問でも出ていたように、被告人の着衣の色に事実と異なる供述があったり、自転車の速度について時速11キロメートルであった旨の供述がなされていたりしました。こうなってくると、目撃者は、本当に被告人がバイクを運転しているところ見ていたのか?なんで走っている自転車を見ただけで時速11キロと言えるのか?どうも不自然です。

自転車の速度については、被害者の女性にも同じことが言えました。その女性は、事故の怪我の影響で事故時の状況自体は覚えていなかったのですが、その供述調書によると、事故に遭《あ》う前に自分が漕《こ》いでいた自転車の速度は、大体時速11キロだったというのです。

そもそも人間の速度感覚なんてあいまいなものですから1キロ単位であらわすこと自体おかしいですし、しかも目撃者のように目撃している立場と被害者のように自分で運転している立場の違いもあるものですから、相違して当然のはずです。

それなのに、なぜ、自転車の速度について、目撃者と被害者の供述が一致したのでしょうか…。

これは、後でわかったことですが、目撃者も被害者も自転車の速度について、検察官に対し、特別ゆっくりでも早くもなく普通の速度だったと答えたようだったのです。その答えに基づき、検察官が、自転車の平均的な速度について資料を目撃者と被害者に示しながら、普通の速度なら時速11キロメートルですよと伝えたところ、目撃者も被害者もそのくらいの速度だったと答えたことから自転車の速度が時速1キロ単位で一致するというまことに不自然なものになったということだったのです。

目撃者は、被告人の着衣の色を間違って供述しているし、自転車の速度についてもこの有様、こうなってくると、もはや、目撃者の供述調書に全幅の信頼をおくということはできなさそうです。一部信用できて、一部信用できないという供述調書の場合、一部信用できる部分を抜き出して事実を認めましょうと考えられることはあまりありません。むしろ、信用できない部分があるから、全体として信用できないと評価されてしまいやすいです。そうなってくると、もう目撃者の供述やこれに基づく現場検証の内容を記載した実況見分調書も全てダメということになります。

4　被告人は無実？

こうして被告人のバイクが一時停止を怠ったという事実を証明する証拠はほとんどなくなりました。それどころか、被告人は、自分が一時停止をしていた時、自転車がすごい勢いでぶつかってきて、勝手に怪我をしたと弁解していて、その弁解をしりぞけることもできなくなりましたので、被告人を有罪にすることはできない、つまり、被告人は無罪ということになりました。

そうすると、被告人は無実ということになるのでしょうか？

実は、目撃者の証言も供述調書も証拠として使うことはできませんでしたが、他の細かな証拠を仔細《しさい》に見てみると、被告人が一時停止していなかった疑いは残りました。しかし、結局、それは、最終的に「疑い」のレベル以上に、それを乗り越えて被告人の一時停止をしなかった事実を証拠で認めることまではできなかったわけです。

皆さんの中では聞いたことがある人もいるかも知れませんが、刑事裁判の重要なルールの一つに「疑わしきは被告人の利益に」という言葉があります。この被告人が犯人かもしれないけど、決定的な証拠がない限りは犯人として処罰できないというルールです。そのルールに基づいて被告人は無罪となったということになります。ですから、この場合、被告人の無罪は、実は無実であったかもしれないし、そうでなかったかも知れない。無罪というのは、証拠によって有罪にならなかったということであり、無実、つまり、そのような犯罪事実が客観的になかったということまでも認めるものではないということです。

別の例でいえば、覚せい剤を所持していた犯人について、警察官が、家宅捜索の令状もなしにいきなり犯人の家にきて捜索して覚せい剤を差し押さえてもその覚せい剤は、違法に押収されたもので証拠にならないので、その犯人は覚せい剤を持っていた事実は間違いありませんが、覚せい剤所持については無罪になります。

つまり、犯罪事実そのものが存在しない場合は、冤罪《えんざい》でない限り必ず無罪ですが、犯罪事実が存在すれば、原則、有罪です。ただ、それでも重要な証拠に問題があり、証拠で有罪を認定できないときは、無罪となります。そのときの無罪は無実ではないということです。

8　盗品の被害額も消費税込み？…こんなところでも消費税？

1　盗まれた高級腕時計

消費税については、その税率が、令和元年10月1日に、８パーセントから10パーセントに上がりました。

誰もが関係するすごく身近な税金ですので、ここで少しお勉強してみましょう。ちょっと小難しいところもありますが、屁理屈をこねくり回すのが好きな人は、頑張って読んでみてください。面倒くさい人や数字が苦手な人は読まない方がいいかも…。ちなみに、消費税は、所得税（事業所得）や法人税と違い、簿記や会計学の知識ゼロでも理解できます。それでは…はじめますよ！

ある日の深夜、某有名時計店で侵入盗の被害がありました。

犯人は、３人の外国人グループで、大胆にもお店のドアの施錠を破壊し、店内のディスプレに展示されていた高級腕時計をごっそり盗んでいきました。そのお店は民間の警備会社の機械警備が設置されており、犯人グループが侵入すると直ちに発報。しかし、警備員や警察官が駆け付けたときは、時既に遅し…、店内はもぬけの殻…。その後、警察の必死の捜査で、犯人グループの1人が逮捕され、他の犯人が検挙されないまま起訴されることとなりました。

犯人が盗んだ腕時計の中で、最も高級なものは、本体価格３００万円の外国製の高級腕時計でした。当然、起訴状には、高級腕時計が被害品としてあげられていたのですが、おやっ？その起訴状をよく見ると、

「被告人は、共犯者らと共謀の上、……高級腕時計（販売価格３３０万円）を窃取したものである」

と記載されていました。

あれ、犯人達の盗んだ高級腕時計は確か３００万円…ってことは販売価格３３０万円のうち30万円は消費税か…。でも、盗んだ物って消費税かかるのかな？

2 消費税のしくみ

消費税の課税の対象になるのは、資産の譲渡等の場合です。

資産の譲渡等というのは、皆さんが消費者として毎日のように買物をするのがその典型です。しかし、消費税法の基本通達（上級のお役所が下級のお役所に対して、そのお役所の事務などの法令の解釈を示したりする文書）によると、盗難は、買物のような資産の譲渡等には当たらないので、そもそも消費税が課税されません。これを不課税《ふかぜい》といいます。だったら何でこの事件の高級腕時計３００万円の被害額に消費税30万円が上乗せされているんですかね。現在の消費税率は10パーセント、この事件のように本体価格が高いと消費税もバカになりません。

う〜ん、ここは一つ、この高級腕時計を例にして、消費税の仕組みをみていきましょう。まずは、下の図を見てください。

製造業者Ａが原価１００万円の高級腕時計1個を製造し、これを問屋業者Ｂに売った場合、ＢがＡに10万円の消費税を支払い、Ａがこの10万円をＢから一旦預かり消費税として納税します。次に、Ｂが１００万円の仕入原価に利益分として１００万

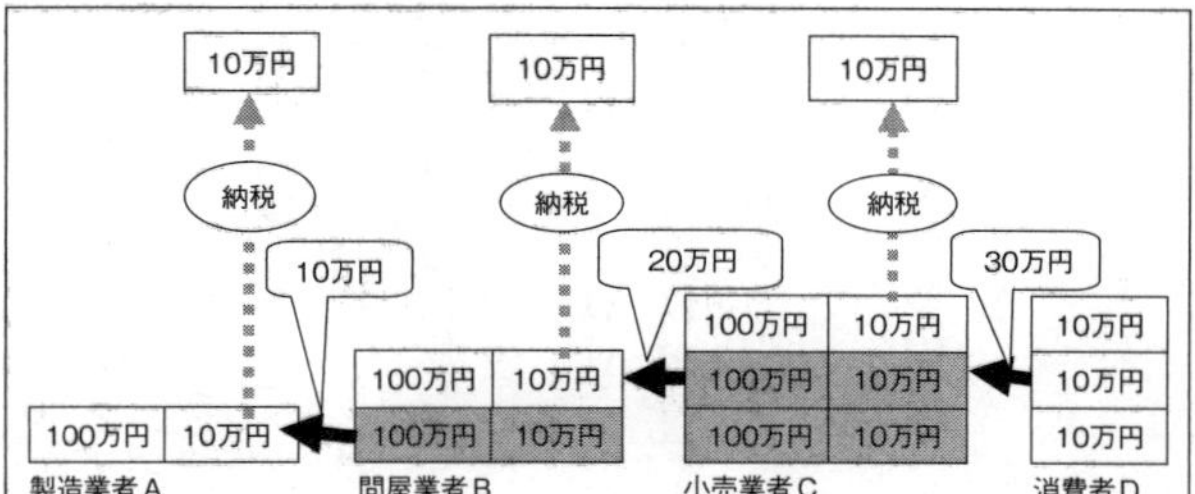

円を乗せ、高級腕時計を200万円で売ると、消費税は20万円となり、Cがこれを B に支払いますが、Bが消費税として納税する額は10万円です。これは、仕入原価100万円にかかる消費税10万円分は、仕入税額控除という税額控除を受けることになっているからです。ですからBはCから20万円を消費税として受け取っても、納税する額は10万円でいいわけです。これはつまり、Aから高級腕時計を仕入れる時点でBがAに支払っている消費税分であり、Aはその消費税を納税済みであり、その分は、最終的に消費者Dに転嫁される性質のものと考えればよいわけです。

そして、小売業者Cが200万円で仕入れた高級腕時計について、さらに100万円の利益を上乗せして300万円で消費者Dに売ると、消費税の最終負担者であるDが消費税として30万円をCに支払い、Cがその内、仕入れ時にBに支払った消費税額20万円を仕入税額控除して、10万円を納税すればよいことになります。

このように取引の段階ごとに課税していくことを、ちょっと難しい言葉で多段階課税《ただんかいかぜい》方式《ほうしき》といいます。

3　盗品の被害額は消費税込み？

さて、けっこう大変だったと思いますが、消費税の基本的な仕組みはご理解いただけましたでしょうか。

最初にお話ししたように、盗品の場合、消費税は不課税となるので、本来は、消費税は盗品の被害品に加えるべきではないようにも思われます。ただ、今回お話した消費税の仕組みによれば、納税者である小売業者は、消費者が最終的に負担した消費税全額を納税するのではなく、その内、小売業者が仕入れの際に負担した消費税分は、消費者から受領した上で仕入税額控除を受け、小売業者において利益として載せた１００万円分の消費税である10万円のみ、消費者から受領した消費税の中から納税することになるわけです。つまり、消費者の購入行為により発生した消費税額の相当部分は本来は転嫁手続の中で支払済みとなっており、不課税といっても、というより不課税であるからこそ、最終納税義務者である小売業者がその仕入税額控除分を負担していることになります。ですから、小売業者の店舗に展示してある今回の高級腕時計であれば、仕入の際に小売業者が負担している仕入税額控除部分の20万円が小売業者にとっての消費税部分での実害になると考えることができるわけです。だって盗難の時点では消費者に売られていないのですから、最終負担者である消費者から仕入税額分の消費税さえも小売業者はもらってないわけですからね。ですから、被害の実額としては320万円というのが一番実際の被害に近いような気がします。

ただ、小売業者が盗難時点において負担している仕入れ税額控除相当部分と、販売された場合に発生する納税義務者として納税する部分とを分離するのは現実的でないですし、商品の値札に取引価格を表示する際に、消費税額を含めた価格を表示する総額表示が義務付けられていますので、支払総額＝販売価格と考えれば、盗難被害品の被害額も消費税込みと考えてよさそうであり、実務的にも盗難品の被害額は消費税込みの販売価格とすることが多いようです。

9　貸した金返せ！あれ？余計に返ってきた？…民事裁判の実際

1　貸した金返せ！

トシさんが、ダイさんに、令和元年5月1日に、1か月後に返すという約束で10万円を貸しましたが、約束の返済日が過ぎても、ダイさんは、一向にお金を返してくれません。

トシさんが、ダイさんの自宅に行き、10万円返してほしいと催促しても、「今、お金がないからもう少し待って…」と繰り返すだけ…。

もう、トシさんは我慢の限界です。

そこで、トシさんは、ついに、裁判所に、ダイさんに対する貸金返還請求訴訟を起こしました。

2　裁判の様子は…

さて、秋も深まった11月初旬の昼下がり、第1回目の裁判を迎え、トシさんも、ダイさんも、法廷に出頭。

裁判官「原告は、トシさん、ご本人ですね」

トシ「はい、そうです」

裁判官「被告は、ダイさん、ご本人ですね」

ダイ「はい、そうです」

裁判官「トシさん、民事の裁判では、トシさんが裁判所に提出された訴状の内容をいちいち読み上げなくても、トシさんから『訴状陳述します。』と言ってもらえれば、この法廷で訴状の内容を読み上げて、その内容のとおり被告であるダイさんに請求した扱いとして調書に記録することができます。トシさんは、訴状のとおり陳述されたということでよろしいですね」

トシ「はい、訴状陳述します」

裁判官「今度は、ダイさんにお尋ねします。ダイさんは、トシさんからの訴状を読んで、その内容を理解した上で、答弁書を裁判所に提出されていますね。ダイさんの答弁書によると、トシさんからお金を借りたことはないということのようですが、ダイさんもトシさんの訴状と同じように陳述すると記録に留めることができ

　　　ますが、この答弁書のとおり陳述されるということでよろしいですか？」
ダ　イ「はい、答弁書を陳述します」
裁判官「はい、分かりました。ダイさんはトシさんからお金を借りたことはないと言っていますので、トシさんは、ダイさんに10万円を貸したということを証明できる証拠は何かありますか？」
ト　シ「契約書はありませんが、お金を貸したとき、銀行から10万円おろしていて、そのときの預金通帳の写しがあります。あと、それと、ダイさんにお金を貸したときに立ち会ってくれた証人のタロウさんに、本日、裁判所に来てもらっています」
裁判官「それでは、その預金通帳の写しを提出してください。タロウさんについては証人として取り調べるということで、ダイさんもいいですか」
ダ　イ「はい、結構です」
ト　シ「あ、ちょっと待ってください。そういえば、ダイさんから5万円返してもらっていたのを思いだしました」
ダ　イ「私は、そもそもトシさんからお金を借りていないので、返した覚えは全くありません」

裁判官「それでは、タロウさんの証人尋問を始めましょう…」

3　証人尋問始まる…

裁判官「タロウさん、ご本人ですね」

タロウ「はい、そうです」

裁判官「それでは、尋問を始めます。トシさんどうぞ」

ト　シ「最初に、私とダイさんとあなたの関係を尋ねますが、どのような関係になりますか」

タロウ「私とトシさんとダイさんは、学生時代、昼月新聞の配達やって奨学金もらいながら勉強していた新聞奨学生仲間です」

ト　シ「あなたは、私がダイさんに10万円のお金を貸したのを見たことはありますか」

タロウ「はい、あります」

ト　シ「それは、いつ、どこでのことでしたか」
タロウ「令和元年5月1日で、場所は、トシさんの自宅アパートでした」
ト　シ「どうして私がダイさんにお金を貸すことになったか理由は知っていますか」
タロウ「はい、私たち3人は、彼女もいないし、遊びに行くところもなかったので、みんなで集まってカップラーメン食べてたんです。そしたら、急に、ダイさんが、トシさんに泣きついてきて、パチンコで全部すって、借金10万円返さないといけないっていうもんだから、トシさんが仕方なく銀行に行って10万円をおろしてアパートに戻ってきてダイさんに貸したんです」
ト　シ「終わります」
裁判官「それでは、ダイさん、質問をどうぞ」
ダ　イ「タロウさん、私とトシさんとタロウさんが、トシさんのアパートに行ってカップラーメンを食べてたのなんてしょっちゅうあったじゃないですか。なんか勘違いしてませんか?」
タロウ「いいえ、ダイさんがトシさんに泣きついてきたのはっきり覚えてますから間違いありません」

ダ　イ「裁判官！タロウさんは、トシさんに頼まれてウソ言ってるんです！信用しないでください！」
裁判官「ダイさん、あなたの意見は後で聞きますから、ここではタロウさんに質問があったらしてください」
ダ　イ「こんなの、インチキ裁判だ！裁判、今すぐやめてください！」
裁判官「これ以上、乱暴なことを言うと退廷してもらいますよ」
ダ　イ「こんな法廷、こっちから出ってやる！バカヤロー！」
こうしてダイさんは、怒ったまま法廷を出ていきました。

そして、次回期日が指定され、ダイさんも呼出しを受けたのですが、全く無視をして出てきません。そのままその裁判は終わってしまいました。

4　裁判の結論やいかに…

さて、ダイさんが出廷しないまま、裁判が終わってしまい、とうとう判決当日を迎えました。

裁判官「それでは、トシさんのダイさんに対する貸金請求訴訟についての判決を言渡します。主文！被告は、原告に対し金10万円を支払え！訴訟費用は被告の負担とする」

トシさんの請求が全て認められて、訴訟費用って裁判にかかったお金、これも、ぜ～んぶ被告のダイさんが負担するってことか…、当たり前ですね。タロウさんの証人尋問もうまくいったし、ダイさん、勝手に退廷して、その後、まともに裁判やらなかったんですから…。

あれ…？でも…なんかちょっと変…？

確か、トシさん、ダイさんに10万円貸したけど、5万円返してもらったって言ってなかったっけ？

そうなんです。本当は、トシさんは5万円分だけ請求が認めてもらえればよかったんですね。ところが、ダイさんは、そもそも借りていないから5万円だって返した覚えがないと言っていたんです。その後、裁判だけ進んでいき、ダイさんが法廷からいなくなりました。トシさんとしては、ダイさんに対する自分の請求を10万円から5万円に減額しますと裁判官に申し出れば、それで済みそうです。しかし、5万円に減額するというのは、少し難しい話ですが、訴えの一部を取り下げるということになるのです。民事の裁判では、一旦裁判がはじまって被告が自分の主張をすると、原告は訴えを勝手に取り下げられなくなります。この場合、原告が訴えを取り下げて裁判を終わらせるためには、被告の同意が必要になるんですね。だって、被告にしてみても、裁判で徹底的に争って白黒ハッキリさせたいという人も中にはいるでしょうから、そういう人の裁判でちゃんと争う機会を勝手に奪っちゃいけないということですよね。ところが、トシさんとダイさんの事件では、ダイさんが勝手に法廷を出ていき、その後、裁判を無視するような姿勢をとったので、トシさんが10万円を5万円に減額する、つまり一部取り下げようとしてもダイさんの同意を得ることができないので、直ちに減額することができず、10万円の請求がそのまま残ってしまったんですね。それで、結局、トシさんは、ダイさんから5万円返してもらっていたのに、10万円返してもらえる判決を受けることになったわけです。

実際の裁判では、仮に、ダイさんが出廷しなくても、裁判官が、トシさんからよく事情を聴き、5万円返してもらったのが事実なのであれば、5万円に減額するという書面を書いてもらって、それをダイさんの自宅などに特別な郵送の方法で送った上で一定の期間が経過すると減額に同意したと法律的にみなされることになっているので、こんな問題が生じることはありません。

ただ、へー、裁判ってそういうふうに考えるのかと感じてもらえればと思い、あえてヘンテコな結論になるようにしてみたのです。

10　法律ができるまで

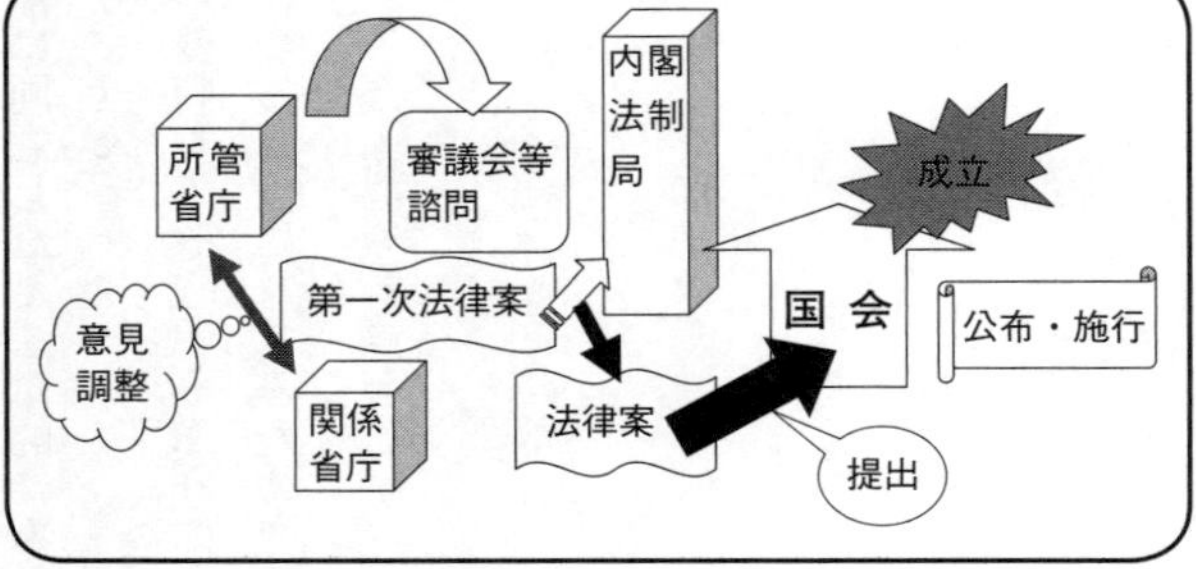

1　そもそも、法律って何だろう…？

さて、最後のタイトル「**法律ができるまで**」ということですが、そもそも法律って何でしょうか？

普段の言葉遣いとして、「法令違反」だとか、「法律で禁止されている」とか言いますし、大体同じ意味なんですが、実はビミョーに違っていたりします。

法令というのは、一般に、法律と命令を合わせたもの、これに憲法を加えたものを指します。

このうち、法律は、立法機関である国会が制定する国民の権利義務などが定められたもので、代表的なものに民法、刑法、会社法、民事訴訟法、刑事訴訟法などがあることは、法律を勉強されたことのある方であればご存知だと思います。命令は行政機関が制定するものです。これらのうち、行政機関が制定する命令というのが若干分かり難いかと思いますが、命令には政令や省令というのがあります。政令は、内閣が制定するものであり、例えば施行令などがあります。法律に「〜に関し必要な事項は政令で定める」などという条文がある場合がありますが、このような条文により、その法律の詳細を補う規定が定められていることが多いと言えます。省令は、各省の大臣が制定するものであり、例えば、施行規則などがあります。法律に「その他○○省令で定める事項を記載した書類」などという条文がある場合がありますが、このような条文により、その法律の手続面を補う規定や申請書類の様式等が定められていることが多いです。

あと、法令そのものではないんですが、各省大臣や各庁長官などが、その機関の事務などについて取り決めたもので大臣訓令《くんれい》などというものや、上級庁が下級庁に対して、その機関の事務などの法令の解釈をしめしたりする行政機関内部の文書である通達、法令の適用に当たり、その法令を所管する機関が示す解釈で、下級庁からの照会に対する回答という形で示されることが多く、法務省民事局長回答などのように示される行政実例などがあります。

以上の訓令等は、法令ではありませんが、法律を施行するための政省令ではまかないきれない部分について、行政機関が示した解釈として重要な意味を持っています。ただ、他方で、ある程度やむを得ないところはあるのですが、例えば、税法などの技術的な法律は、あまりにも通達等に依存している状況にあるので、法律によらない通達行政などと批判的な見方をする考え方もあります。

いずれにしても、以上のように、法律というのは、国民の権利義務など重要な事項を定める法令の中心的存在であり、法令の仲間である政省令、それと法令に準ずる訓令や通達が、この法令の中心である法律を支えているということになるわけです。

2　法律ってどうやってできるのでしょうか？

さて、法令等のルールの中の法律の位置づけはおわかりいただけましたでしょうか。ここからが、本題です。

私たちは、普段から様々な法案の成立などのニュースをとおして、国会で法案が可決成立したなどと耳にします。また、国会は、行政、司法の三権の一つで法律を作る立法府であるということは、中学校の社会科でも習いますから、法律は国会で作ってるんだろうなということはなんとなーくわかりますよね。

でも、ほんとのところ、そもそも法律というのは、どこから生まれて、どうやってできていくものでしょうか?

私は、いずれも一番下《した》っ端《ぱ》だったころのものばかりですが、立法作業に携わったことがあります。一つは、大蔵省銀行局にいたときに、抵当証券業法という新規立法の作業や銀行法の一部改正作業等に関わったものです。もう一つは、最高裁刑事局で、規則制定に関わる仕事をしていたことがあり、その際、刑法及び刑事訴訟法の改正に伴う刑訴規則の改正等に関わったというものです。

今回は、それらの作業に関わったときのわずかな記憶を思いおこしながら、法律ができるまでについて少しお話ししてみたいと思います。

3　法律原案の作成から国会提出まで

法律のできる道筋は、そのアイデアを誰が作るかで大きく二つに分けられます。一つは、国会議員が法律のアイデアを作り、それを国会に提出する議員立法です。もう一つは、政府がアイデアを出し、といっても、そのアイデアを基にした技術的な中身はだいたい役人（官僚）が作るのですが、そのアイデアを国会に提出する政府提出法案です。

このうち、提出法案の多くを占める政府提出法案について、法律の原案から国会提出までをみてみましょう。

政府提出法案の原案は、まずそれを担当するお役所（各省庁）で第一次法律案として作成します。このように、国の行政機関の役人が法律案を作成する作業を、少し難しい言葉で法制執務《ほうせいしつむ》といいます。ちなみに、この法制執務、国の役人ばかりに関係があるわけではありません。都道府県や市町村といった地方公共団体の役人が条例などの起案を行うのもやはり法制執務です。

こうして第一次法律案としての原案を作り、この法律案について、関係する省庁と意見調整などを行い、大学の偉い法学者などの先生がメンバーになって構成されている審議会《しんぎかい》という機関に諮問《しもん》（おたずねすること）するなどして法律案を形づくっていきます。

そして、内閣法制局《ないかくほうせいきょく》でも審査が始まります。

内閣法制局というのは、内閣官房などと並び、法制度の面から内閣を補佐する内閣直属の行政機関であり、閣議に付される法律案などを審査したりする審査事務や法律問題について内閣等に対し意見を述べたりする意見事務などを行っています。

この内閣法制局では、実に様々な観点から法律案を審査しますが、その審査は二段階なっています。

まずは予備審査（下審査ともいいます。）といわれるものです。

予備審査では、内閣法制局参事官と主務官庁の課長補佐クラスが、法律案の骨子・大綱から構成へ、構成から条文へと段階的に、条文については逐条的に読会方式という方法で行っていきます。

その審査の内容は、
・憲法に反していないか、他の現行の法律と矛盾したり衝突したりしないか
・そもそも今回の法律案を法律にすること自体妥当か

・条文の表現や配列などの構成は適当か
・用字、用語のあやまりなどはないか

などであり、法律的、立法技術的に細部に及びます。

ちなみに、地方公共団体が作る条例では、罰則のあるものについてする法律的な審査として、地検検事が条例審査をする検察協議というものがあり、私もいくつかの条例審査をしたことがあります。

さて、本題に戻りますが、内閣法制局の予備審査も佳境に入ると、まさに法律案を作成している担当省庁の原局は大忙しです。日中、法制局で審査があり、宿題が出され、それをいつまでに検討となると、時間との闘いになります。毎日、毎晩、法案の変更内容の検討、その変更の要否、変更部分のチェックとその打ち直し。連日深夜まで残業で帰宅出来ずに役所に泊まり込むことも少なくありません。ちなみに、当然のことですが、法律は文言の正確性が命です。法律案の審査において、文言が変わる度に、文言が審査中の暫定案のとおり正確に変更されているのかをチェックするための法文の読み合わせには特別な読み方があります。それは、本来訓読みの漢字部分をわざわざ音読みで読む方法です。

例えば、「～に係る事項は政令で定める」とあるとすると、法文の読み合わせとしては、

「～ニケイルジコウハセイレイデテイメル」と読むわけです。このように読むことによって、音読み部分がきちんと漢字になっていることが確認できるわけですね。

こうして内閣法制局の予備審査が終わると、主任の国務大臣から内閣総理大臣に対して、国会に法案を提出するための閣議請議《かくぎせいぎ》という手続を行うことになり、これを受け付けた内閣官房から内閣法制局に対し、その請議案が送付され、本審査が行われます。本審査では、予備審査での審査結果とも照らし合わせて、最終的な審査を行い、必要があれば修正の上で、内閣官房に回付します。

その後、閣議前に、与党審査（政務調査会の各部会→政調審議会→総務会）、事務次官等会議、閣議にかけられます。そして異議なく閣議決定が行われると、内閣総理大臣からその法律案が国会（衆議院又は参議院）に提出されます。なお、内閣提出の法律案の国会提出に係る事務は、内閣官房で行っています。

4　国会審議から法律の成立、公布まで

内閣提出の法律案が国会に提出されると、その法律案の提出を受けた議院の議長が、これを適当な委員会に付託します。そして、委員会の審議は、まず、国務大臣の法律案の提案理由説明から始まり、審査に入ります。審査自体は、主に法律案に対する質疑応答の形で進められます。委員会における質疑応答、討論等が終局したときは、委員長が評決に付します。そして委員会の審議が終了し本会議に移行して可決されると、次の議院に送付されます。

他の議院でも同じ経過をたどり可決されると、後に審議した方の議院の議長から内閣を経由して奏上《そうじょう》（天皇に法律が可決成立したことをお伝え申し上げる）されます。その後、「～法を公布する」という公布文に、天皇の御名《ぎょめい》が親署されて御璽《ぎょじ》が押印されることにより天皇の決裁がなされて、奏上の日から30日以内に、法律が公布されます。公布とは、成立した法律を一般に周知させる目的で、国民が知ることのできる状態に置くことをいい、法律の効力が一般的に現実に発動されることを施行といいます。公布された法律がいつから施行されるかについては、通常、その法律の附則で定められています。

なお、法律の公布は、その法律に法律番号が付けられ、主任の国務大臣の署名及び内閣総理大臣の連署がされ、公布のための閣議決定を経た後、官報に掲載されることによって行われます。

こうして、法律の可決成立、公布、施行を経て、私達の生活の中で実際に使われる法律になるわけです。

おわりに

さて、姉妹編の「裁判と法律あらかると」の続編、「スマホはレンジにしまっとけ！」はいかがだったでしょうか。

はじめの言葉でも少し触れましたが、今年、30年余りの平成の時代を終え、令和の新時代を迎えました。今や、人類の英知は、情報処理分野において人口知能を生み出し、生命科学分野において遺伝情報をほぼ解き尽くし、宇宙開発分野においては、火星への有人探査が現実味を帯びた宇宙大航海時代へと突き進もうとする勢いです。このような激動する時代変化の中においても、いかにその形や名称が変われど、人類が社会を構成し、自分以外の人とかかわりをもって生存し続ける以上、その関係を規律し、その紛争を解決するツールとして裁判や法律の制度は常に存在し続けることでしょう。

そして、この私たちの社会における自由、正義、平等を守る裁判や法律の制度は、国会議員や一部の役人だけがかかわって作ったり運用したりするものでは決してありません。これらの制度は、あくまでも私たちの健全で平和な社会生活のためにあるものです。だからこそ、私たちは、裁判や法律にそっぽを向いていてはいけないと考えます。もちろん、難しい法的な知識や技術について勉強してくださいということではありません。ほんの少しの関心でいいのです。ニュースや新聞で触れる事柄でかまいません。こんなルールができたらよいのではないかとか、この法律で大丈夫かしらとか、あるいは裁判の結果に批判的な思いを持ち誰かと議論する、はたまた、国民の司法参加制度である裁判員に選ばれたなどの機会があったら、どうぞその貴重な得難い体験を大切にしてください、そんな日常生活の中での一つ一つの考え方や行動が、理性的な判断を伴う投票行動に繋がったり、よりよい社会に導く世論を醸成していくことになるのだと思います。

あなたのその考えが、その一歩が、決して無駄なものではないということです。よりよい社会づくりのための裁判や法律の制度を支えるためにとっても大切なものなのです。その思いは、本書の姉妹編「裁判と法律あらかると」の時から何ら変わりありません。最後まで読んでいただきありがとうございました。

令和元年十月一日

東京簡易裁判所判事　恩田　剛

あとがき

外務省大臣官房　儀典総括官
今　西　　淳

今、この後書きに目を通している方は、この本の購入を検討している方、本編を読む前の方、そして本編を読み終わったばかりの方もおられるでしょう。

「恩田パパ」、著者のこの愛称は、前作の「裁判と法律あるからと（司法協会）」の後書き（231ページ）にも登場します。

本書でも「なんで、日本人は、死ぬ、死ぬって言うの?」（82ページ）に紹介されていますが、私も外務省に入省する前の大学最後の年の1992年に、東南アジア青年の船（内閣府（当時の総務庁）主催）に参加し、そこで恩田さんと出会い、以来27年のお付き合いを経て今日に至っています。青年の船の参加者の大半は学生、そんな中で、恩田さんは、なんでも相談できる包容力のあるお父さんであり、日本人のみならず、アジア各国の参加者にも慕われ、「恩田パパ」の愛称で親しまれていました。

さて、本書で、まず感心させられるのは、その文体の読みやすさ、分かりやすさです。論理的な思考を押さえながら、誰が手にとっても読めるようにユーモラスに解説し、テーマを見事に料理されています。次に惹きつけられるのは、その扱うテーマが非常に身近であるということです。日頃、新聞、ニュースなどにより報道されている、我々日常生活の中でありうる話を題材にしています。それは、本書のタイトルにもなっている「スマホはレンジにしまっとけ！」に始まり、「ＤＮＡ詐欺？」、「検事の隠し子？」、「壊れた自販機」、「判決がバラバラに？」など茶目っ気たっぷりで、本当に裁判と関係あるの？と思わせつつ、読み始めれば、読者はあれよあれよといつの間にか、司法の世界に引きずり込まれてしまいます。また、検察官の役割や裁判官と被告人のやりとりについても随所に織り込まれ、裁判員裁判に参加する方にも気配りされた内容でもあります。

裁判官や検察官は司法、外交官は外交（行政）と、扱う分野は全く異なりますが、同じ公務員であり、簡潔に要点を押さえ、分かりやすい情報を発信することは、仕事のいろはの「い」です。しかし、我々公務員が発信する内容は、ついつい専門的用語で固められた難解な長文となり、必ずしも、多くの人が読むことを前提とした情報発信になっていません。日本が国際社会の中で共存し、その一員として生きるためには、日本人が国境を越えた活動や世界の人々との交流を円滑に進め、日本への関心を高め、理解と信頼・親近感を深めてもらうことが不可欠です。そのために、外交官は、自分の国・人について、歴史、文化、宗教が異なる人に伝え、理解を求めなければなりませんが、その際、単に沢山の情報を専門用語で伝えるだけでは不十分です。異なるバックグラウンドを持つ人には、相手の立場に立ってできるだけ分かりやすく伝えなければなりません。相手を惹きつけ、興味深い切り口で説明するスキルも効果的です。中々会う機会のない外国の要人であれば、アポイントメントの限られた短い時間で、要点を絞り、簡潔にインパクトがある説明をすることは肝要です。日本の外交政策、その背景となる一般事情を発信する際、国内、国外を問わず、当てはまります。

恩田さんは、これまでにいくつもの裁判、法律に関する本を出版しておりますが、これら全ての本に一貫しているものは、司法について、多くの人の社会生活に役立つメッセージを送るという哲学です。本書のはしがきでも「裁判や法律について、もっともっと身近なものに感じていただき、…社会生活を送る上での法的な素養として…、手にとっていただきたいとの思いで執筆した」と述べられています。国際結婚が増える中、「夫婦の一方の親が子を自国に連れ去り、もう一方の親に会わせない」、子供の監督と保護に関して司法でも対応しなければならない事案も生じています。次作以降でこのような国際的な事案も取り上げていただくことを期待します。

本書を通じて、私自身も裁判と法律ついて勉強させていただくとともに、日本の推進する外交について、同様の思いをもって、発信していかねばと痛感し、良い刺激をいただきました。また、奥様が闘病生活をされていた間、仕事、受験を続けて試験に合格されたその覚悟、姿勢にも感銘いたしました。

読者にとって、本書が裁判と法律の現場を分かりやすく伝える恩田判事の渾身の一冊になることを願ってやみません。

恩田判事、これからも共に頑張りましょう。

なお、以上は、個人的見解を記したものであり、所属する組織の立場、意見を述べたものではありません。

<著者プロフィール>

恩　田　　　剛（おんだ　つよし）

昭和39年新潟県長岡市生まれ。

昭和62年大蔵省銀行局に大蔵事務官として採用され、世界銀行監督者会議開催準備、立法作業、金融検査に従事、平成3年東京地方裁判所書記官となり、そのとき内閣府主催の国際交流事業「東南アジア青年の船」に参加。その後、最高裁判所総務局等を経て、平成11年水戸区検察庁副検事、同15年東京地方検察庁検事、同22年伊賀簡易裁判所判事、同28年柏崎簡易裁判所判事、同31年東京簡易裁判所判事、現在に至る。

趣味は、バイク、クレー射撃、スキューバダイビング、一輪車（指導員）などのほか、自称アマチュア・イラストレーター（本書の挿絵、イラストはいずれも著者による。）

主要著書・論文等

裁判と法律あらかると（司法協会）
逮捕勾留プラクティス（司法協会）
令状審査の視点から見たブロック式刑事事件令状請求マニュアル（立花書房）
捜査の目線と裁判の視点から見たブロック式捜査書類作成マニュアル（立花書房）
借地借家関係　借地借家制度の概要及び賃貸借契約・更新「調停時報174号」（民事調停協会連合会）

スマホはレンジにしまっとけ！

—続 裁判と法律あらかると—

2019年10月　第1刷発行

著　　者　恩　田　　剛
発 行 人　境　　敏　博
発 行 所　一般財団法人　司　法　協　会
〒104-0045　東京都中央区築地1－4－5
第37興和ビル7階
出版事業部
電話(03)5148-6529
FAX(03)5148-6531
http://www.jaj.or.jp

落丁・乱丁はお取替えいたします。　印刷製本／モリモト印刷（株）
ISBN978-4-906929-81-8 C0232 ¥900E